오만하게 제압하라

반칙이 난무하는 세상
여자가 살아가는 법

Originally published as "Das Arroganz Prinzip:
So haben Frauen mehr Erfolg im Beruf" by Peter Modler
Copyright ⓒ 2018 S. Fischer Verlag GmbH, Frankfurt am Main
All rights reserved. No part of this book may be used or reproduced in any manner
whatever without written permission except in the case of brief quotations
embodied in critical articles or reviews.
Korean Translation Copyright ⓒ 2020 by Bomi Artbooks
Korean edition is published by arrangement with S. Fischer Verlag GmbH
through BC Agency, Seoul

이 책의 한국어판 저작권은 BC에이전시를 통한
저작권사와의 독점 계약으로 '봄이아트북스'에 있습니다.
저작권법에 의해 보호를 받는 저작물이므로 무단 전제와 복제를 금합니다.

반칙이 난무하는 세상
여자가 살아가는 법

오만하게 제압하라

페터 모들러 지음
배명자 옮김

나의 딸들을 위해

| 머리말 |

이 책이 베스트셀러가 되었다니, 당연히 기쁘다. 그러나 다른 한편으로는 놀랐다. 남자와의 갈등 상황에서 활용할 수 있는 실용적인 전략을 찾는 여자들이 그만큼 많다는 뜻이니 말이다. 처음에는 과연 그런 수요가 있을까 미심쩍기도 했지만, 전국을 다니며 워크숍을 열고 강연을 하면서 보니, 그것은 엄연한 사실이었다. 그리고 많은 언론매체들이 '우리의 미래는 여성'이라고 소리 높여 외치지만 유감스럽게도 실제 현장 상황은 정반대다. 여성성을 배워라? 가장 여성적인 것이 가장 진보한 것이다? 여자이기 때문에 더 쉽게 자기주장을 관철시킬 수 있다? 이런 구호들을 진실이라 믿고 싶겠지만, 많은 경우 공허한 외침에 불과하다.

능력이 있음에도 그것을 충분히 발휘하지 못하는 여성들이 아직도 많다. 참으로 애석한 일이 아닐 수 없다. 여성의 업무 능력은 확실히 뛰어나다. 그러나 의사관철 능력에서는 남성을 이기지 못한다. 경험으로 볼 때, 의사관철 능력은 어떻게 지금 그 자리에 올랐느냐가 아니라 그 자리에서 어떻게 처신하느냐에 달렸다.

나는 여러 해 동안 다양한 회사를 직접 운영했고, 1998년부터는 기업 컨설턴트로 일했다. 그래서 견습생부터 경영자까지 다양한 직책에서 겪는 직장 내 현실을 잘 알고 있다. 나는 여러 직장에서 남자들과도 일했고 여자들과도 일했다. 그러나 직장에서 벌어지는 남녀 갈등에 관심을 갖게 된 건 컨설턴트로 활동하기 시작한 후부터였다.

학교에 강연을 다니면서 남학생과 여학생의 태도에 일정한 차이가 있음을 알게 되었고, 혹시 직장에서도 같은 차이가 있을까 궁금하여 이 주제를 연구했고, '오만 훈련'을 개발하기에 이르렀다. '오만 훈련'은 남자 동료, 남자 고객 혹은 남자 상사와 잘 지내는 법을 배우고자 하는 직장 여성들을 대상으로 했다. 오만 훈련의 수요가 너무 높아 처음에는 나도 적잖이 놀랐다. 그러나 차츰 나는 오만 훈련에 확신이 생겼다. 오만 훈련이 고안한 여러 전략들은 광범위하게 활용될 수 있다. 일반 직장 여성뿐 아니라 어머니, 교사, 의사, 교수,

편집자, 변호사, 자영업자 모두가 오만 전략을 활용할 수 있다. 이런 능력은 기업의 사장이나 팀장에게만 필요한 게 아니다.

'오만 훈련'은 직장에서 남자들과 소통하는 법을 여러 관점에서 다룬다. 몸짓 언어, 영역에 대한 태도, 권력 언어 등이 대표적인 내용이다. 오만 훈련은 무엇보다 의뢰인이 해결하고자 하는 갈등 상황을 기반으로 한다. 그래서 나는 남자 스파링파트너를 투입하여 상황을 재현하고 여러 방식으로 의사소통을 시도해볼 수 있게 했다. 스파링파트너의 조건은 딱 두 가지다. 첫째 남자여야 하고, 둘째 자기주장을 내세울 줄 알아야 한다.

처음 의뢰인과 상담할 때는 스파링파트너가 자리를 같이 하지 않는다. 상담을 통해 남자 동료, 남자 상사 혹은 남자 부하 직원과의 갈등 상황이 구체적으로 그려지면, 그때 스파링파트너가 투입된다. 스파링파트너는 상황 설명을 들은 후 역할극에서 남자 배역을 맡게 된다. 의뢰인의 역할도 다른 참가자가 맡고, 의뢰인은 제삼자의 입장에서 이 역할극을 지켜본다. 그러면 의뢰인은 객관적인 입장에서 상황을 관찰하고 더 쉽게 이해할 수 있다.

역할극이 진행되는 동안, 나는 극이 현실과 일치하는지 의뢰인에게 자주 확인했는데, 대답은 늘 '그렇다'였다. 역할극 방식은 야콥 모레노가 창시한 전통적인 사이코드라마와 직업훈련에서 영감을 얻었다. 여러 해 동안 오만 훈련을 진행하며 발견한 흥미로운 사실이 있다. 스파링파트너의 나이, 교육 수준, 업무 능력 등은 문제 해결과 아무 관련이 없었다. 남자들은 특정 상황에서 모두 똑같이 반응했다. 남자들이 본능적으로 그리고 반사적으로 보이는 전형적인 반응 패턴이 있었다. 그리고 그것은 여자들의 반응 패턴과 확연히 달랐다. 오만 훈련에 참가한 여성들은 이 사실을 확인하고 놀라움을 금치 못했다.

역할극이 끝나면 후속 작업으로 토론을 했는데, 참가자들은 어김없이 이렇게 물었다. "내 방식은 왜 안 통했을까요?" "갈등이 심해진 이유가 뭘까요?" 여성 의뢰인들은 모두 해결책을 발견한다. 그 해결책들은 대부분 매우 실용적이라 직장에서 바로 활용할 수 있다. 기쁘게도 그들은 내게 긍정적인 피드백을 보내온다. "마침내 매듭이 풀렸어요." "배운 내용이 정말로 통했어요."

이 책은 '오만 훈련'에서 접한 여러 사례 중에서 중요한 내용들만 요약한 것이다. 오만하게 살라고 권하는 게 아니다. 이 책이 권하는 오만은 일종의 공구와 같다. 직장 여성에게 필요한 '공구함'에 보관했다가 갈등 상황에서 꺼내 쓸 수 있는 공구. 직장에서 특정 남자 때문에 힘들 때 오만의 공구를 꺼내 쓰면 된다.

덧붙여 남녀의 기회균등을 말하고 싶다. 그것은 오래된 주장이고 인간적이고 경제적이며 올바른 필수요건이다. 그러나 아직은 우리가 믿고 싶은 것보다 더 멀리 있다. 안타깝게도 여직원의 잠재력을 인식하지도 않고 후원하지도 않으며 (말뿐인 전혀 다른 의미의 후원이 있을 뿐) 심지어 무시하기까지 하는 조직을 나는 여러 해 동안 너무 많이 보아왔다. 솔직히 나는 그런 조직을 혐오한다. 높은 교육 수준과 의욕을 갖춘 여자들이 남자들보다 월급을 적게 받는 경우가 많으며, 능력이 충분한데도 책임 있는 자리에 오르지 못한다. 단지 불평등하다는 말로 끝날 일이 아니다. 어떻게 남자들은 이런 현실을 아무렇지도 않게 받아들일 수 있을까? 차별을 당하는 쪽이 남자가 아니라서? 혹은 침묵하는 게 속 편하니까?

부디 오해가 없기를 바란다. 나는 단편적인 이념으로 남자들을 싸잡아 폄하하려는 게 아니다. 그저 여자들도 똑같이 인정받기를 바랄 뿐이다. 나는 남자로서 그리고 기업가로서 강한 여자들과 함께 일하기를 바란다. 직장에서 남녀가 똑같은 무기로 경쟁하기를 바란다. 그래서 나는 이 책을 썼다.

짧게나마 몇몇 요점을 여기에 미리 밝혀 두고자 한다. 우선 이 책은 여자들 사이의 갈등을 다루지 않는다. 그것에 대해서는 나보다 더 훌륭한 여성 작가가 써야 하리라. 나는 오로지 여자와 남자 사이의 갈등에 대해서만 다룰 것이다.

나는 유럽에서 일한다. 그래서 아시아나 아프리카의 직장 상황(비록 그곳 출신 여자들이 감탄하며 나의 워크숍에 참가하지만)에 대해 경험한 바가 없다.

여기서 소개하는 방법은 성폭행이나 다른 범죄로 인한 트라우마에는 적용될 수 없다. 그런 경우에는 심리치료사나 변호사와 상담해야 한다. 조직 전체가 이미 근본부터 기울었다면 오만 훈련은 그리 유용하지 못할 것이다. 이런 구조적인 문제는 다른 방법을 찾아야 한다.

여기서 소개하는 모든 방법은 내가 오랜 기간 검증하고 수정한 것들이다. 그러나 그것들이 모든 개별 상황에 맞을 수는 없으며 자동으로 성공을 보장하지는 않는다.

이 책은 학술 보고서가 아니라 활용 가능한 구체적인 해결책을 제시하는 경험 보고서다.

나는 성 연구자도 아니고 심리학자도 아니다. 기업 컨설턴트로서 의뢰인이 원하는 실용적인 해결책에 관심을 갖고 궁리했을 뿐이다. 어떻게 해야 직장 여성이 남자 동료(상사, 부하 직원)들과의 갈등 속에서도 생산적인 직장 생활을 유지할 수 있을지 말이다.

나는 실용적인 걸 좋아하기 때문에 단순하게 말하기를 겁내지 않는다. 당연히 모든 남성과 모든 여성을 똑같이 평가해선 안 된다. 그러나 구조적으로 무언가를 알아내고 변화시키는 데는 약간의 단순화와 보편화가 꽤 유용하다.

현재 기업들이 큰 위기에 처한 듯하다. 기업이 요구하는 능력도 상당히 높아졌다. 전문 지식, 연대 능력, 보고 능력, 다양한 관리 능력 등. 공식적인 요구가 높을수록 남자와 여자 사이의 실질적인 논쟁이나 갈등은 무시되는 경향이 있다. 갈등의 내용이 실제 권력을 다루면 더욱 그런 것 같다.

현재 여러 인사 담당자들이 '수평적 언어체계'(데보라 태넌에 따르면 여자들의 언어체계)를 배우고 활용하도록 권장한다. 그래서인지 '수평적 언어체계'와 맞지 않아 보이는, 그러나 '수직적 언어체계'(데보라 태넌에 따르면 남자들의 언어체계)에서는 당연시되는 추진력, 결단력, 모험심, 서열 의식, 영역 태도 같은 능력이 점차 그 가치를 잃는 것 같다. 그러나 이런 능력들은 실제로 조직의 생산성과 관리에 매우 중요하다. 팀워크 능력 하나만으로는 부족하다.

만약 여성 리더들이 소통에서 이런 능력을 무시한다면 스스로 한쪽 다리로 서는 것과 같다. 그들은 조직 안에서 이런 수직적 태도를 자주 직면하게 될 테고, 업무 능력과 상관없이 수직적 체계의 폭탄에 결국 무너지고 말 것이다. 여성 리더들은 기본적으로 남성 언어와 여성 언어 모두에 능통해야 한다. 그리고 필요에 따라 적절히 꺼내 쓸 수 있어야 한다.

들을 때마다 화가 나는 질문이 있다.

"남자가 왜 이런 책을 씁니까?"

이 질문에 짧게 답하고자 한다. 내 대답은 반문이다.

"그럼 누가 써야 합니까?"

직장 내 갈등 상황에서 남자들이 여자들에게 보이는 태도 패턴을 다룬다면, 아무래도 '네이티브스피커' 그러니까 '남자'가 설명하는 것이 더 확실하지 않겠는가. 또한 남자를 스파링파트너로 둔다면 더 좋을 테고.

페터 모들러

차례

머리말 · 6

제1장

영역을 점령하라: 남자에게 영역이란
- 01 시건방진 남자 부하 직원 다루기 · 21
- 02 영역 방어하기 · 27
- 03 회의 석상 주도하기 · 36

제2장

침묵의 힘: 내용은 중요하지 않다
- 01 '무브토크'의 힘 · 45
- 02 단호한 고갯짓의 효과 · 56

제3장

위선적인 공격: 왜 공격하는지 알 수 없을 때
- 01 친절한 표정 뒤에 감춰진 위선 · 67
- 02 우연히 총구 앞에 서다 · 74
- 03 남자 직원 칭찬하기 · 80

제4장

권력을 드러내는 말: 말을 무기로 삼아라

- **01** 내용만 간단히 · 87
- **02** 숨을 조여오는 침묵의 힘 · 93
- **03** 마초의 공격에 방어하는 법 · 99

제5장

여자와 남자: 남자의 언어를 익혀라

- **01** 여자의 언어, 남자의 언어 · 107
- **02** 의사소통 방식이 다른 여자와 남자 · 113

제6장

여성 리더의 오만: 서열 싸움을 피하지 말라

- **01** 지위를 정립하라 · 131
- **02** 지위를 확인시켜라 · 137
- **03** 권력의 리타르단도 · 145

차례

제7장

다른 종족의 무대: 라이벌, 배우, 억압자

- 01 가벼운 충돌에서 싹트는 동료애 · 157
- 02 관객을 의식하는 남자 · 166
- 03 공명정대하지 않은 대결 · 175

제8장

권력 상징: 권력 대결에 동참하라

- 01 복장, 대표적인 권력 상징 · 185
- 02 부차적인 권력 상징 · 195

제9장

지위와 역할: 자신의 지위를 망각하지 말라

- 01 직책은 권력 신호 · 207
- 02 지위 상징의 기본 · 212

제10장

오류와 함정: 권력을 드러내는 데 익숙해져라

- 01 실력이 말해주진 않는다 · 221
- 02 권력 의지를 가져라 · 227
- 03 권력관계 · 233

제11장

오만의 비용: 권력 대결에 동참하라

- 01 '번 아웃' 벗어나기 · 243
- 02 나쁜 평판 뒤의 존중 · 250

제12장

오만의 십계명: 남자에게 존중을 가르치는 법

- 01 경기는 경기일 뿐 · 257
- 02 오만의 십계명 · 260

참고문헌 · 265

제 1 장
영역을 점령하라

남자에게
영역이란

01

시건방진 남자 부하 직원 다루기

영역을 빼앗아라

비써 박사는 30대 초반의 대학 강사다. 날씬한 몸매에 세련된 안경 그리고 대학 강사 중에서는 보기 드물게 굽 높은 구두를 신고 다닌다. 연구 실적 압박이 있긴 해도 대학에서 강의를 하는 건 선망받는 일이므로 비써 박사는 자신의 일에 만족했다. 그녀는 강의 이외에 조교들도 관리했는데, 아직 학부생인 메르코브 조교가 그녀와 같은 방을 쓰며 각종 사무 및 강의 준비를 도왔다. 그런데 이 메르코브 조교가 그녀의 일상에서 유일한 걸림돌이 되고 있었다.

그는 말도 없이 결근하고도 아무렇지 않은 듯 행동했다. 심지어 일주일씩 결근하고도 아무 일 없었다는 듯이 어슬렁어슬렁 나타났다. 무슨 일로 결근을 했는지 설명하지도 않았고, 그의 업무까지 도맡아야 했던 다른 동료들에게 미안해하지도 않았다. 비써 박사는 그런 조교의 태도에 화가 났지만 그를 불러 야단을 쳐도 될지 그럴 권한이 과연 자신에게 있는지 확신이 서지 않았다. 메르코브의 출근 여부가 불확실할 때면 비써 박사는 밀린 업무를 직접 처리해야 했고, 사실 직접 하면 일 처리가 정확해 차라리 그편이 낫기도 했다. 그러나 조교의 일을 대신하는 동안 비써 박사의 기분은 당연히 나빴다. 그렇다고 조교를 심하게 야단쳐서 갈등을 키우고 싶지도 않았다.

메르코브는 비써 박사보다 열 살 정도 어리다. 멀대처럼 키가 크고, 헐렁한 청바지와 티셔츠 차림에 긴 머리를 고무줄로 묶고 다닌다. 메르코브 역할을 맡은 스파링파트너는 방에 들어오는 상황부터 재현했는데, 진짜 대학생처럼 완벽하게 연기했다.

그는 노크 없이 문을 열고 들어와 알아들을 수 없는 웅얼대는 소리로 대충 인사를 하고 비써 박사 앞을 지나쳐 갔다. 그런 다음 배낭을 던지듯 내려놓고 자리에 앉아 책상에 놓인 서류들을 건성건성 훑어보기 시작했다. 방에 들어와서 지금까지 그는 비써 박사와 한 번도 눈을 마주치지 않았고 몹시 바쁜 사람처럼 행동했다.

비써 박사는 조교의 무례한 태도에 화가 치밀었지만 차분하게 대화하려 애썼다. 그러나 어디서부터 어떻게 대화를 시작해야 할지 막막했다. 이런저런 질문으로 몇 번 대화를 시도했지만, 그때마다 조교는 아주 짧게 대답하고는 입을 다물었다. 마치 자기처럼 학문에 몰두하는 대학생에게 결근 같은 사소한 문제를 가지고 이러쿵저러쿵하지 말라고 시위하는 것 같았다.

비써 박사는 이런 상황에서 여자들이 전형적으로 보이는 태도 그대로, 일단 말로 설명하려 애썼다. 그러나 그녀의 말을 들어야 할 조교는 그녀가 말을 시작하기 전에 이미 수많은 메시지를 보냈다. 결국, 조교가 보낸 메시지들은 말로 표현된 것이 아니었기 때문에 애석하게도 비써 박사는 그냥 흘려버리고 말았다.

비써 박사가 예의를 지키며 말할 기회를 엿보는 동안 조교는 전혀 다른 준비를 하고 있었다. 방에 들어서자마자 몇 초 안에 자신의 영역을 차지하여 안전을 확보하는 것이 그에게는 중요했다. 그리고 계획대로 안전을 확보한 그는 유리한 고지를 차지했다고 느꼈다.

애석하게도 메르코브만 이런 게 아니다. 다양한 직장 생활에서 얻은 내 경험으로 볼 때, 남자들은 여자들보다 자기 영역에 애착이 강하고 훨씬 큰 의미를 부여한다. 이런 경향은 직종과 상관없이 어디서나 마찬가지다. 남자들은 직장에서 특정 공간을 차지하거나 특정 공간이 자기에게 주어지면 권력을 손에 쥐었다고 느낀다.

비써 박사의 사례에서도 마찬가지였다.

1단계: 메르코브는 노크를 하지 않고 문을 열었다.
2단계: 아무하고도 눈을 마주치지 않고 방에 들어섰다.
3단계: 상사 앞을 그냥 지나쳤다.
4단계: 배낭으로 의자를 점령했다.
5단계: 자기 자리에 앉았고 책상을 점령했다.

이로써 조교는 영역 점령에 성공하여 강한 안정감을 얻었고 전투에 임할 막강한 힘을 갖추었다. 이런 상황에서는 서로의 생각을 교환하는 대화는 말할 것도 없고, 주장이 오가는 토론조차 불가능하다. 말이 통하고 효과가 있으려면 먼저 영역 문제부터 명확히 해야 한다. 비써 박사는 어떻게 해야 할까? 더 오만해져야 한다.

상황 재현을 여러 번 수정하고 반복하면서 비써 박사는 자신이 영역 점령을 무시한 채 성급하게 말로만 풀려 했음을 차츰 깨달았다. 이미 영역을 점령한 조교에게 그녀의 주장은 아무런 영향을 주지 못했다. 마침내 비써 박사는 영역 문제를 진지하게 고민했고 다음과 같이 행동했다.

조교가 문을 열고 막 발을 들여놓으려는 순간, 재빨리 손을 들어 그를 멈춰 서게 했다. 그리하여 조교는 그녀에게서 멀찌감치 떨어져 서 있게 되었다. 조교의 얼굴에 당혹한 기색이 역력했다. 비써 박사는 아무 말도 하지 않고 그를 빤히 보기만 했다. 그런 다음 어쩔 줄 모르고 멀뚱히 서 있는 조교에게 아주 짧고 직접적인 질문 몇 개를 던졌다.

"지난 한 주 동안 어디 있었어? 왜 내게 말하지 않았지? 어째서 항상 다른 사람들이 그쪽 일을 대신 해야 하지?"

질문이 끝날 때마다 조교는 어떻게 답할지 몰라 쩔쩔맸고, 그러는 동안 둘 사이에 흐르는 불편한 긴 침묵을 비써 박사는 아주 잘 참아냈다. 또한 조교가 배낭을 내려놓거나 슬며시 자리에 앉을 틈을 주지 않았다. 끝으로 비써 박사는 짧은 명령으로 상황을 종료했다.

"됐어. 그만 가서 일 봐."

그런 다음 그녀는 냉정하게 몸을 돌려 다시 자기 일에 집중했다. 조교는 완전히 넋이 나간 듯 어깨를 축 늘어뜨렸다.

비써 박사는 날아갈 것처럼 기뻤다. 오랜 체증이 내려간 것처럼 속이 시원했다. 그러나 이 광경을 지켜본 다른 여자들의 반응은 회의적이었다.

"너무 심한 거 아니에요?"

비써 박사의 태도가 그들에게는 너무 무례해 보였던 것이다. 나는 메르코브 역할을 했던 스파링파트너에게 기분이 어땠는지 물었다. 그리고 남자와 여자의 인식이 얼마나 다른지 명확히 드러나는 대답을 들었다.

"기분 나쁠 건 없었어요. 자존심이 상하지도 않았고요."

비써 박사가 그렇게 심하게 대했는데 어째서 그는 자존심이 상하지 않았을까?

"상사잖아요."

그는 아무렇지도 않게 대답했다. 상대방이 상사였기 때문에 자존심이 전혀 상하지 않았다는 것이다. 비써 박사는 영역 점령을 통해 자신이 상사임을 명확히 확인시켜 주기만 하면 되었다.

영역을 중시하는 태도만 갖춰도 여러 면에서 직장 생활이 쉬워질 수 있다. 그런데 그 '영역'이란 게 도대체 뭘까?

02
영역 방어하기

사소한 영역도 내주어서는 안 된다

직장에서 지켜야 할 가장 작은 영역은 책상이다. 개인 사무실을 갖고 있다면 출입문부터 영역이 시작된다. 회의실도 마찬가지다. 이때 가장 중요한 것은 당연히 이 공간 안에서 어떻게 행동하느냐다. 서류나 가방을 어디에 어떻게 놓는지, 어떤 자리에 어떤 자세로 앉는지도 중요한 문제라는 이야기다.

여자와 남자의 차이를 가장 잘 보여주는 대표적인 영역은 주차장이다. 여자들은 대개 자기 이름이나 직책이 적힌 전용 주차구역에 큰 의미를 두지 않는다. 그러나 남자들은 완전히 다르다. 이 영역을 침범했거나 침범당했다면, 그것은 결코 우연이 아니다.

마이어는 꽤 큰 중소기업의 마케팅부 팀장으로 임명되었다. 기업 역사상 첫 여성 팀장이었다. 첫날 주차장에 들어선 그녀는 팀장 전용 주차구역에 다른 차가 주차된 것을 확인했다. 그녀는 초보자가 아니었으므로, 새 직장 첫 출근 날 맞닥뜨린 첫 걸림돌에 걸려 넘어지지 않았다. 주저 없이 경비실로 가서 견인차를 부르게 한 것이다.

경비는 이런저런 말로 견인을 막으려 애썼지만, 그녀는 눈도 깜짝하지 않았다. 견인차가 올 때까지 시간이 좀 걸리긴 했지만, 그녀는 그때까지 안내데스크 앞에서 느긋하게 기다렸고 그 바람에 경비는 진땀을 흘려야 했다. 견인차가 와서 정말로 차를 끄집어내자 하얀 셔츠에 넥타이를 맨 남자가 황급히 뛰어왔다. 금방 뺄 작정이었다, 그 정도는 이해해줘야 하는 거 아니냐, 별일도 아닌데 왜 일을 크게 만드냐 등등 항의하듯 툴툴거렸다. 말끔한 정장 차림의 마이어 팀장은 단호하고도 냉정하게 설명했다.

"그딴 거에 관심 없어요. 앞으로는 주차구역 푯말을 읽을 줄 아는지 확인하고 사원을 뽑아야겠군요."

견인 비용은 남자가 내야 했다.

회사는 작은 동네와 같다. 어느 집 앞에서 무슨 일이 벌어지면 모두가 내다보듯이, 사원들도 창문을 열고 모두 내다보았다. 이 사건 이후로 마이어 팀장은 회사에서 유명인사가 되었다. 그녀는 자신의 존재를 구구절절이 설명하고 증명할 필요가 없었다.

아주 인상 깊은 장면이었다. 직장에서 여자와 남자 사이에 갈등이 생기면, 실제로 이렇게 극적인 일이 벌어질 수 있다. 사실 마이어 팀장의 태도는 거의 예외에 가깝다. 관객들 앞에서 이런 식으로 갈등을 이겨낼 수 있었던 건 몇몇 노하우와 개인적인 성격 덕분이었다. 그러나 모든 갈등에 이런 공격적인 전략을 써야 하는 건 아니다. 대부분의 갈등에서는 작지만 큰 효과를 내는 신호 하나면 충분하다. 두르비크의 경우처럼.

영역 침범에는 철저한 방어로

두르비크는 개방적이고 친절한 50대 여성으로, 웃을 때 생기는 주름이 보기 좋고 머리는 어깨까지 닿는 긴 금발에 키는 대략 160센티미터였다. 그녀는 건축업자와 결혼했다. 어느 건축업자의 아내처럼 그녀 역시 남편 회사에서 회계와 인사

관리를 담당했는데, 자신의 애매한 지위 때문에 심한 마음고생을 하는 중이었다. 남편이 사장이라고 해서 그녀가 자동으로 여사장인 건 아니었다. 현장감독이 그 사실을 자주 일깨워줬다. 그는 흉내 내기 어려운 특유의 방식으로 '무시'의 태도를 슬쩍 비추고 가기 일쑤였다.

두르비크의 사무실은 두 공간 사이에 끼어있는 통로 비슷했는데, 가슴이 떡 벌어진 미장 기술자 현장감독은 건축 현장에서 돌아오면 매번 그녀 사무실의 한쪽 문을 열고 들어와 인사도 없이 설계도나 일정표 등을 그녀의 책상 위에 던져놓고 다시 아무 말 없이 다른 쪽 문을 통과해 자기 책상으로 갔다.

두르비크는 현장감독의 이런 태도가 몹시 기분 나빴다. 마치 가구 취급을 당하는 기분이었다. 현장감독은 두르비크와 눈을 마주치지도 않았고 아무런 말도 없었다. 침입이나 마찬가지였다. 방어를 하고 싶었지만 마땅한 방법이 떠오르지 않았다.

이때 그녀가 아주 간단한 규칙 하나만 알았다면 방어는 아주 간단했을 것이다. 영역에는 반드시 영역으로 대처해야 한다. 두르비크는 책상에 앉아 현장감독에게 자신의 기분을 설명하려 여러 번 시도했고, 실패를 거듭한 끝에 마침내 규칙을 깨달았다. 제국주의자처럼 영역을 침범하는 남자에게는 말이 아니라 몸으로 방어해야 한다는 것을.

두르비크는 현장감독의 발소리를 듣자마자 자리에서 일어나 문 쪽으로 갔다. 그가 문을 열었을 때, 그녀는 문 앞을 가로막고 섰다. 그녀와 눈이 마주치자 덩치 큰 현장감독은 쭈뼛거리며 한 발 뒤로 물러섰다. 두르비크는 그를 똑바로 보며 짧게 물었다.

"무슨 일이죠?"

현장감독은 자기 방으로 가는 중이라고 더듬거리며 대답했다. 그녀는 여전히 길을 막고 서서 큰 소리로 또박또박 말했다.

"가는 길에 당신 물건들도 모두 챙겨 가세요. 필요한 게 있으면 달라고 할 테니."

현장감독은 선뜻 자리를 뜨지 못하고 잠시 머뭇거렸지만, 결국 그녀의 뜻대로 문제는 해결되었다. 너무 간단히 해결되어 그녀 자신도 놀랐다. 아무런 설명 없이도 문제가 해결되었다. 무엇을 '설명'한단 말인가. 이 상황은 그저 영역 다툼일 뿐, 심리상담이 아니다.

역할극에 참여했던 스파링파트너가 후속 토론에서 이렇게 설명했다. 문 앞에서 두르비크와 눈이 마주쳤을 때 금지된

구역에 들어선 기분이 들었고, 자기 사무실로 도망친 후에야 비로소 안도의 숨을 쉴 수 있었노라고.

영역 침범의 방어는 사회적 계층과 무관하다. 대외적인 지위나 지식수준도 큰 구실을 하지 않는다. 여자들은 직장에서 남자들보다 더 합리적이다. 그들은 남자들이 즐기는 권력게임보다 맡은 업무에 더 집중한다.

그러나 아무리 합리적이어도 소용없다. 두르비크의 사례에서 보았듯이, 남자와의 갈등에서는 설명이 아니라 행동이 중요하다. 합리적인 설명이 경청의 기회를 얻으려면 먼저 근본적인 토대가 마련되어야 한다. 즉 합리적인 심사숙고가 아니라 영역을 대하는 태도부터 바꿔야 한다. 당연히 아주 옛날에도 마찬가지였다. 놀랍게도 이런 태도 방식은 IT 기업, 조직의 분화, 팀워크를 중시하는 오늘날에도 그대로 유지되고 있다.

영역 침범이 은근슬쩍, 소소하게 이뤄졌다 하여 그냥 못 본 척 넘어가면 안 된다. 그들의 가면을 조심해야 한다. 영역 침범은 소규모 회사든 지위 고하가 없는 IT 기업이든 예외 없이 존재한다.

영역 방어 신호를 보내라

베티나는 3년째 한 소프트웨어회사에서 프로그래머로 일했다. 이 회사에서는 직원 모두가 존칭이나 격식 없이 친구처럼 편하게 지냈다. 공식적인 복장 규칙도 없어서, 베티나는 짧은 커트머리에 검은색 티셔츠를 즐겨 입었다. 그녀의 동료 미케는 회사에 들어온 지 얼마 안 된 신입사원으로 티셔츠와 면바지를 즐겨 입었고, 사흘은 면도하지 않은 듯한 수염 난 얼굴이 매력적인 데다가 성격도 밝고 여유로워 모두에게 인기가 많았다.

미케는 매일 잠깐씩 특별한 용무 없이 베티나의 사무실에 들렀는데, 그때마다 그녀는 뭐라 설명할 수 없는 불편한 감정이 들었다. 그는 항상 밝게 웃으며 그녀의 사무실에 들어와 그녀 앞에 앉아서는 이런저런 다정다감한 이야기들을 늘어놓았다. 그리고 그때마다 늘 무언가를 그녀의 책상에 올려놓았다. 어떨 땐 물병, 어떨 땐 볼펜, 어떨 땐 서류. 미케는 친절하기 그지없었지만 베티나는 불편한 기분이 들었다.

베티나는 왜 불편함을 느꼈을까? 그건 바로 미케가 이런 일상적인 방문 때마다 자기 물건들을 베티나의 책상에 올려놓음으로써 영역을 침범했기 때문이다. 아마 미케는 무의식적으로 이런 행동을 했을 것이다. 오래전부터 몸에 밴 습관으로 늘 그렇게 했을 것이다. 이 상황에서 베티나는 과연 어떻게 말해야 할까? 어떻게 이야기를 꺼내야 할까? 답은 특정한 말을 할 필요 없이 벌어진 상황과 똑같은 방식으로 반응해야 한다는 것이다. 베티나와 미케의 경우에는 더더욱 여러 말이 필요 없다. 지금 벌어진 상황은 영역 침범이다. 그러므로 영역으로 답하는 것이 효과적이다. 그리고 베티나는 방법을 찾았다.

다음 날 아침 미케는 그녀의 방으로 들어왔고 그녀 앞에 앉아 늘 하던 행동을 시작했다. 미소, 친절한 말, 물건 올려놓기 등. 베티나는 미소 지으며 이야기에 귀를 기울였다. 하지만 책상에 물건이 올려지면 즉시 바닥에 내려놓거나 옆으로 치웠다. 친절한 표정을 잃지 않고. 오가는 대화는 여느 때와 마찬가지로 화기애애했다. 다만 이번에는 미케가 서둘러 그녀의 사무실을 나갔다. 그는 심지어 물건 챙기는 것도 깜빡해 되돌아오기까지 했다. 베티나의 영역 방어 의지가 정확히 전달된 것이다.

두 사람 사이에 논쟁이 벌어지진 않았다. 그러나 남자 직원은 직장에서 흔히 볼 수 있는 권력 신호를 명확히 보냈다. 권력 신호에 똑같이 권력 신호로 답하지 않으면, 결국 권력 신호를 자주 보내는 사람이 권력 게임에서 이기게 된다. 다행히 베티나는 이 신호에 정확히 같은 방식으로 응답했다. 말로 설명하려 하지 않았다. 그렇게 했더라면 그녀는 전투에서 후퇴할 수밖에 없었을 것이다. 침착하고 여유롭게 행동했다는 점에서 베티나의 반응은 훌륭했다. 그녀는 단호하지만 상냥하게 아주 잘 대처했다. 미케의 의도를 알아차리고 크게 흥분했더라면 주도권을 빼앗겼을지도 모른다. 그녀는 미케의 권력 게임을 미소로 받음으로써 누가 칼자루를 쥐었는지 명확히 보여주었다.

베티나와 미케 사이의 짧은 일화를 찬찬히 곱씹어보면, 점차 무엇이 왜 어떻게 효과를 내는지 명확해질 것이다. 하지만 일대일이 아니라 집단과 집단 사이의 갈등이라면 상황은 완전히 다르다. 많은 일이 동시에 벌어지기 때문에 시나리오가 쉽게 파악되지 않는다. 그렇더라도 원리는 똑같다. 다만 멀티태스킹 능력을 요구하는 관객이 있기 때문에 갈등의 강도가 더 심화될 수는 있다. 하지만 뼈대는 변하지 않는다. 크기와 상관없이 영역은 여전히 영역인 것이다. 브레스키도 그것을 체험했다.

03

회의 석상 주도하기

영역 점령 신호를 보내라

브레스키는 전자제품을 생산하는 한 중소기업의 사장이다. 그녀는 이사회나 주주총회가 열릴 때마다 극심한 스트레스를 받았다. 회의 참석자들은 그녀를 제외하고 모두가 남자였다. 회의 때마다 그녀는 다른 사람들이 그녀를 '어린애' 취급하고 아무도 진지하게 대하지 않는다는 인상을 받았다.

브레스키는 키가 180센티미터가 넘는, 눈에 확 띄는 체격을 가졌다. 샤넬 의상에 고상한 화장이 그녀를 돋보이게 했다. 회의실의 커다란 타원형 탁자에는 여느 때와 마찬가지로 목을 축일 수 있는 음료수가 올려져 있었다. 나는 브레스키에게 회의실에서 어떻게 행동하는지 보여 달라고 청했다. 그녀는 회의실로 들어가서는 벽에 바짝 붙어 재빨리 이동해 아무 빈자리에 앉아 기대에 찬 눈으로 회의실을 둘러보았다. 180센티미터가 넘는 큰 키의 돋보임이 순식간에 사라지고 말았다.

브레스키가 의자 끄트머리에 걸치듯 앉아 있는 것이 눈에 띄었다. 그녀의 맞은편에는 막강한 경쟁자 뢰셍어가 앉아 있었는데, 그는 같은 이야기를 끝도 없이 풀어냈다. 뢰셍어는 양손을 탁자 위에 올려놓고 손바닥으로 탁자를 내리치기도 하고, 어떨 땐 손가락으로 탁자를 두드렸다. 간혹 주먹으로 내리치기까지 했다.

반면 브레스키는 양손을 무릎이나 탁자 끄트머리에 얌전히 올려놓고 최대한 동작을 작게 했다. 그녀는 최대한 방어적인 태도를 취했고, 회의에 참석한 남자들에게 그녀가 이 상황을 얼마나 불편해하는지 온몸으로 알리고 있었다. 그러나 그녀가 알아야 할 정답은 따로 있었다. 바로 뢰셍어를 본받아야 한다는 것.

브레스키는 회의실에 들어서는 태도부터 새로 배워야 했다. 그녀는 지금까지 도망자처럼 회의실에 들어가서 가능한 한 눈에 띄지 않게 자리에 앉았다. 자신이 이곳을 얼마나 불편해하는지 아무도 눈치채서는 안 된다는 심정으로 말이다.

브레스키는 공식 환영행사의 주인공처럼 회의실에 들어서는 연습을 했다. 다른 참석자들은 그녀를 환영하기 위해 온 손님들이다. 이런 상상만으로도 브레스키는 눈에 띄게 당당해졌다.

그녀는 참석자들과 눈을 맞추고 발걸음도 늦추었다. 일일이 참석자들과 인사를 나눈 후 잠시 시간을 들여 자리를 찾았다. 그리고 그곳으로 가서 시험 치러 온 여학생이 아니라 여왕처럼 자리에 앉았다. 의자 깊숙이 앉으니 자동으로 허리가 꼿꼿하게 섰다. 회의실에 들어서서 자리에 앉는 것만으로 벌써 그녀는 예전과 완전히 다른 영역 신호를 보내게 되었다. 이제 그녀는 탁자에 바짝 다가앉아 손뿐 아니라 팔꿈치까지 탁자 위에 올려놓았다. 그러자 결코 끝나지 않을 것 같던 회의 참석자들의 잡담이 뚝 끊겼다.

그녀 맞은편에 앉았던 스파링파트너에게 왜 이야기를 중단했냐고 묻자, 그는 이렇게 대답했다.

"누가 들어와 앉았다는 걸 그제야 알아차렸으니까요."

이때까지 회의실에서 오간 대화는 확실히 잡담이었다. 한 귀로 듣고 한 귀로 흘릴 만한 대수롭지 않은 주제였다. 이때 그들은 언어가 아닌 몸짓으로 다른 의사소통을 하고 있었다.

영역 신호를 보내고 있었던 것이다. 그때 브레스키가 명확하게 영역 신호를 보내자 그들은 그 신호를 고스란히 인식했다. 이렇듯 영역 신호는 적당한 오만이 더해지면 효과가 확실해진다.

브레스키는 연습이 끝난 후 짐을 던 것처럼 후련했지만, 한편으로는 당혹스러웠다. 그녀는 지금까지 회의에서 어떤 주장이 가장 강력한 효과를 낼 수 있는지 궁리해 왔는데, 영역 대결에서 주장은 부차적이라는 걸 확인하게 되었다.

영역 문제를 다룰 때면 모든 것을 하나의 잣대로 재서는 안 된다. 내 영역이 침범당했을 때 방어하는 것과, 개인적으로 영역 문제를 중시하지 않아 무심코 동료나 상사의 영역을 침범하는 것은 완전히 다르다. 영역과 권력은 적어도 남자들의 관점에서는 서로 밀접하게 연결되어 있다. 힘이 더 센 사람의 영역을 침범하면 곧장 반격을 받는다. 호랑이는 해도 되지만 하룻강아지는 해선 안 되는 것이 있다. 힘이 더 센 사람의 영역으로 들어설 때는, 가령 노크 없이 문을 여는 실수를 하지 않도록 조심해야 한다. 설령 문이 열려 있더라도 그냥 안으로 들어가선 안 된다. 문 앞에 잠시 멈춰 서서 들어가도 되는지 물어야 한다.

힘이 더 센 사람의 영역은 일반적으로 지뢰밭과 같다. 말하자면 허락 없이 무언가를 만져도 안 되고, 허락 없이 아무

데나 앉아서도 안 되며, 허락 없이 돌아다녀도 안 된다.

또한 지위에 따라 공간을 배분하고 지위 차이가 많이 날수록 멀리 배치하는 것처럼, 사무실 배치에도 남성적 권력 논리가 들어 있다. 대개 비서실을 지나야 상사의 사무실로 갈 수 있는데 이때 비서실은 경비초소 구실을 한다. 상사의 사무실은 마치 무기창고처럼 상황에 따라 꺼내 쓸 수 있는 영역 무기들로 가득 차 있다. 가령 부드러운 분위기와 팀워크 신호를 보내고 싶으면 누군가 들어섰을 때 바로 자리에서 일어나 같은 눈높이로 마주 앉는다. 그러나 긴장감을 주고 권력 신호를 보내고 싶으면 누군가 들어섰을 때 모른 척 자리에 앉아 있으면서 일부러 상대방을 세워 둔다. 그러면 상대방에게는 곤혹스러운 긴장이 생긴다.

지위가 높은 사람이 지위가 낮은 사람에게 무언가 요청이 있을 때, "내가 그쪽으로 가지"라고 말하면 남자들 사이에서 이것은 친절과 좋은 의도로 해석된다. 지위가 높은 사람이 굳이 지위가 낮은 사람에게 갈 필요는 없으니 말이다. 지위가 낮은 사람 입장에서 보면 이것은 일종의 선금 같은 것이므로 반드시 그에 대한 대가를 준비해야 한다. 다른 사람의 영역에서는 항상 신중하게 처신해야 한다. 단순히 남의 영역에 머무는 것을 넘어 영역의 질서를 위협했다면 굉장히 위험한 결과를 불러올 수 있다.

교수의 연구실을 찾아간 박사학위 지망생의 사례를 보자.

지위가 높은 사람의 영역을 침범해선 안 된다

리스너는 교수에게 박사학위 논문을 지도해줄 수 있는지 정식으로 묻고자 했다. 교수의 책상에는 커피, 우유, 설탕 그리고 과자가 놓여 있었다. 그런데 리스너가 실수로 그만 커피를 엎지르고 말았다. 책상은 물론이고 책상에 있던 서류들까지 흥건히 젖었다. 당연히 리스너는 즉시 사죄하고 서둘러 책상을 닦았다. 비서가 걸레를 들고 달려와 농담 섞인 잔소리와 함께 청소를 도왔고, 이내 모든 것이 정상을 찾았다. 리스너는 하던 이야기를 계속했고 대화는 변함없이 편안하게 진행되었다. 대화가 아주 잘 끝나 논문 지도를 허락받았다고 생각했지만, 그녀는 그 이후로 교수를 만나지 못했다.

정말로 이런 사소한 사고 때문이었을까?

그럴 확률이 높다. 영역 면에서 보면 이것은 결코 사소한 사고가 아니다. 리스너는 남의 영역에 머물렀을 뿐 아니라 한계선을 넘었다. 행동연구가의 표현대로 남의 영역에 '자기 영역 표시를 남겼다'. 즉 영역 침범이었다. 그녀가 사죄하고 재빨리 치운 것과 별개로 영역의 주인은 이 사고를 쉽게 잊을 수 없다. 리스너에게는 단 하나의 기회가 남아 있었지만 애석하게도 그녀는 그것을 이용하지 못했다. 리스너는 영역의 주인에게 작은 선물이라도 보내, 그녀가 실수를 깊이 뉘우치고 있음을 명확히 전달했어야 했다. 유감 어린 말만으로 해결하기에 영역 침범은 너무 중대한 사건이다.

북아메리카의 인류학자 에드워드 홀Edward Hall은 이미 1950년대에 이 문제를 연구하여 새로운 학설을 만들어냈다. 그는 이것을 '근접학proxemics'이라 명명하고, "인간과 문화적 공간의 관계에 대한 관찰과 이론"이라 설명했다.

여자들이 꼭 남자들처럼 영역을 이해하고 대해야 하는 건 아니다. 또한 개인적으로 반드시 영역을 중요하게 여겨야 하는 것도 아니다. 그러나 직장에서 영역 문제로 남자들과 부딪친다면 그들과 똑같이 영역을 대하고 그에 적합하게 대응할 수 있어야 한다. 영역 대결을 대단하게 이해할 필요는 없지만 어떤 규칙이 적용되는지는 알아야 한다. 그리고 첫 등장만큼이라도 적당한 분량의 오만을 더한다면 대결을 유리하게 이끌 수 있다.

제 2 장
침묵의 힘

내용은
중요하지 않다

01
'무브토크'의 힘

긴 말보다는 무언의 짧은 행동이 먹힌다

박사 과정을 막 시작한 슈나이더는 현장 실습에서 대졸 사무직, 기능공 그리고 단순 노무직까지 여러 다양한 남녀 직원들과 함께 일하게 되었다. 팀 분위기는 전체적으로 좋았고, 팀원들끼리 일주일에 한 번씩 농구를 했다. 그러던 어느 날 다음과 같은 일이 벌어졌다. 농구 경기가 한창 무르익어 열기가 점점 더해지고 있을 때 슈나이더가 결정적인 실수를 했다. 골 밑에서 그만 공을 놓쳐 상대편에게 득점 기회를 내주었던 것이다. 슈나이더도 스스로에게 화가 났는데, 오른편으로 3미터 정도 떨어진 곳에 서 있던 기능공이 한심하다는 듯 쳐다보며 중얼거렸다.

"젠장! 가방끈 긴 것들하고는……."

슈나이더는 이 말에 몹시 화가 났지만 어떻게 대꾸해야 할지 몰라 그냥 못 들은 척했다. 화는 났지만 어쩔 수가 없었다. 옆에 있던 또 다른 박사 과정생인 뮐러가 상황을 알아차리고 대신 화를 냈다.

우리는 스파링파트너를 정하고 같은 상황을 재현했다. 기능공 역할을 맡은 스파링파트너의 말이 끝나기 무섭게 뮐러가 흥분하여 불같이 화를 냈다. 여기서 가방끈 이야기가 왜 나오느냐, 박사 과정생도 똑같은 사람이다, 공부한다는 이유만으로 무조건 무시를 당하는 건 부당하다, 언제 어디서 누구든 교육 수준을 이유로 차별이 있어서는 안 된다…….

기능공은 뮐러의 반응에 약간 당황한 듯 그녀를 멀뚱히 보고만 있었다. 나는 그에게 기분이 어떠냐고 물었다.

"무슨 말을 하려는 건지 하나도 못 알아들었어요. 말을 너무 빨리 해서……."

이 장면에는 전형적인 패턴이 고스란히 담겨 있다. 실제로 교육 수준이 높을수록 그리고 특히 여자들이 이렇게 반응한다. 흥분한 나머지 하고 싶은 말을 속사포처럼 쏟아내는 것이다. 그러나 대부분의 남자들은 이럴 때 귀를 닫고 만다. 여자들의 말이 빨라지면 남자들은 기본적으로 부담스럽거나 불편한 기분이 들고 더 나아가 짜증이 난다. 분당 쏟아내는 단어 수가 많아질수록 말하는 여자의 다급함만 강조될 뿐이다. 게다가 듣는 남자는 특정 속도가 넘어가면 듣기를 포기한다. 그러면 여자들은 남자들이 서서히 귀를 닫고 있음을 알아차리고 더욱 빨리 말을 하게 된다. 그리하여 때때로 울 수도 웃을 수도 없는 상황이 벌어진다.

기본적으로 여자들의 이런 반응은 전혀 효과가 없다. 이야기의 주제가 상대방 남자에게 정확히 맞더라도 소용없다. 아무튼 이 사례에서 길게 늘어놓았던 항의성 발언들은 아주 잠시 약간의 효과만 있었다. 비록 여자는 하고 싶은 말을 맘껏 했지만, 내용 면에서 어떤 것도 상대방 남자에게 전달되지 않았다. 참가자 중 한 사람이 문제 해결을 위한 새로운 아이디어를 냈다.

역할극이 다시 시작되어 슈나이더는 공을 놓쳤고 기능공 역을 맡은 스파링파트너가 한마디 했다. 그러나 이번에는 다르게 반응했다. 뮐러는 기능공을 향해 오른팔을 치켜세우고 잠깐 그를 빤히 보다가 주먹을 쥐어 보인 다음 가운뎃손가락을 폈다. 그리고 아무 말도 하지 않고 다시 돌아섰다. 확실히 무례한 태도였다. 누구나 이해할 수 있는 욕이 아니던가. 스파링파트너는 그저 싱긋 웃었다.

역할극을 지켜보던 여자들은 거북함과 놀라움이 뒤섞인 헛웃음을 지었다.

"어떻게 저런 동작을 할 수 있죠? 여자가! 배운 사람이!"

나는 스파링파트너에게 기분이 어떤지 그리고 뮐러의 메시지를 이해했는지 물었다.

"그럼요. 그걸 모를 사람이 어디 있겠어요. 하지만 기분은 아무렇지도 않은데요."

나는 다시 물었다. 가운뎃손가락을 펴 보였는데도 어째서 아무렇지도 않았고 심지어 싱긋 웃기까지 할 수 있냐고.

"뭐가 어때서요? 다 장난이잖아요. 지금 상대 여자도 그걸 확인시켜 준 거고요."

스파링파트너는, 혹시 기분이 상하지 않았냐는 질문 자체를 이해하지 못했다. 그 자리에 있었던 여자들은 어리둥절한 표정이 되었다.

"그것은 분명 무례하고 모욕적인 행동이에요. 말로도 충분히 해결할 수 있는 문제를 왜 굳이!"

그러나 농구 경기가 한창인 상황에서 이런 사소한 일을 해결할 시간은 그리 길지 않다. 그리고 상대방 남자는 큰 소리로 전달한 긴말보다 무언의 짧은 행동을 확실히 더 잘 이해했다. 또한 여자의 태도를 기분 나빠하지도 않았다. 경기는 계속될 수 있었다.

배운 사람들의 허점

우리가 역할극에서 본 짧은 상황은 전형적인 패턴의 의사소통 방식을 보여준다. 나는 이런 패턴을 남녀 사이의 의사소통에서 자주 경험했고, 갈등 상황에서 나타나는 의사소통 방식을 세 단계로 구분하게 되었다.

우리의 사례에서 기능공은 비지성적인 단계에 있었다. 상대방 여자는 처음에 보편적 상식, 논리적 주장, 윤리적 가치 등 명확히 지성적이고 언어적인 단계에서 반응했다. 다시 말해 여자는 상대방이 서 있는 비지성적이고 비언어적인 단계를 떠나 지성적이고 언어적인 단계로 '내려갔다'. 나는 일부러 '내려갔다'는 말을 썼는데, 실제로 효과가 있는 단계를 더 높은 단계로 보기 때문이다.

두 번째 시도에서 여자는 언어적 단계를 떠나 더욱 효과적인 단계로 올라갔다. 단계별 모형을 간단히 정리하면 다음과 같다.

'하이토크High Talk'에서는 논리적인 근거가 제시되고 말이

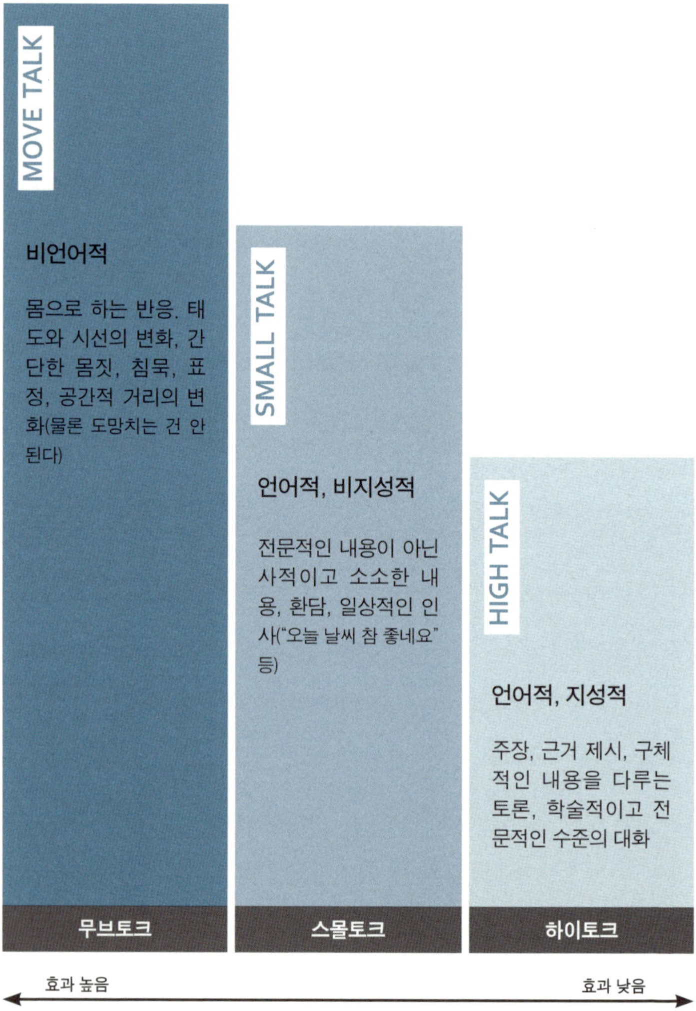

MOVE TALK

비언어적

몸으로 하는 반응. 태도와 시선의 변화, 간단한 몸짓, 침묵, 표정, 공간적 거리의 변화(물론 도망치는 건 안 된다)

SMALL TALK

언어적, 비지성적

전문적인 내용이 아닌 사적이고 소소한 내용, 환담, 일상적인 인사("오늘 날씨 참 좋네요" 등)

HIGH TALK

언어적, 지성적

주장, 근거 제시, 구체적인 내용을 다루는 토론, 학술적이고 전문적인 수준의 대화

무브토크 　 스몰토크 　 하이토크

효과 높음 ←——————————→ 효과 낮음

〈갈등 상황에서의 의사소통 단계〉

50　오만하게 제압하라

서로 통해야 한다. 의견 교환, 내용 토론, 세부적인 정보 교환이 여기에 속하고, 찬성과 반대가 고려되어야 한다. 또한 모든 언어적 표현이 전문적이고 학술적인 수준에 있다.

'스몰토크Small Talk'는 합리적인 주장이나 토론과 상관이 없다. 같은 언어적 단계지만, 여기서 오가는 메시지는 사적이고 주관적이며 때로는 감정적이다. 날씨, 패션, 스포츠, 이런저런 수다 등 일상의 사소한 일들이 다뤄진다. 일반적인 의미의 환담도 여기에 속한다. 남자들끼리 흔히 주고받는 비난이나 욕을 듣게 된다면 그저 스몰토크(장난)일 경우가 많으니, 너무 심각하게 받아들이지 않는 게 좋다.

'무브토크Move Talk'는 말이 필요 없다. 하지만 효과는 강력하다. 몸짓과 표정, 시선, 태도, 공간적 거리의 변화로 메시지를 전달한다. 자세와 동작이 큰 의미를 갖는다. 지위를 명확히 하는 오만은 이 단계에서 가장 효과적이다.

의사소통의 세 단계에는 다음과 같은 규칙이 적용된다.

- 무브토크(비언어적)는 스몰토크와 하이토크(언어적)를 이긴다.
- 스몰토크(언어적, 비지성적)는 하이토크(언어적, 지성적)보다 강하다.
- 같은 단계에서 혹은 더 효과적인 단계로 올라서야 기본적으로 공격이 가능하다. 반대로 해서는 절대 안 된다. 공격받은 단계를 떠나 덜 효과적인 단계, 설사 자신에게 더 편하고 익숙하며 도덕적으로 문제

가 없어 보이더라도, 그 단계로 내려가면 공격을 효과적으로 방어할 수 없다.

예를 들어 비언어적 단계(무브토크)의 공격을 받았을 때, 언어적, 지성적 방어(하이토크)는 아무 소용이 없다. 똑같이 비언어적 단계로 방어해야 한다. 그리고 언어적, 지성적 단계(하이토크)의 공격을 받았을 때는 똑같이 이 단계로 방어해도 된다. 하지만 언어적, 비지성적 방어(스몰토크) 혹은 비언어적 방어(무브토크)가 더욱 효과적이다.

이것은 윤리와 상관이 없다. '가치'를 전달하려는 게 아니다. 또한 '정치적 올바름'과도 상관없다. 앞으로 설명할 활용법에서도 이런 '가치 척도'를 적용하지 않을 것이다. 실제로 의사소통이 가능한지가 중요하기 때문이다. 우선 의사소통 도구를 잘 알고 자꾸 써서 몸에 익혀야 한다. 그런 다음이라야 이 도구들을 언제 어떻게 쓸지(정말로 써야 할지) 잘 결정할 수 있다.

나는 내 의뢰인의 관심을 편파적으로 대변하는 일을 한다. 그리고 내 의뢰인들은 어떤 전략이 효과가 있고 없는지 알아야 한다. 그래서 이 모형에서도 효과의 강도를 가장 우선시한다. 당연히 나 역시 지성인답게 대처하고 싶다. 언어적이고 지성적인 의사소통이 갈등 해결에 중요한 구실을 했으면

한다. 그러나 현실은 다르다. 나는 그러한 현실을 남자들만의 세계인 목공소에서 몇 년간 일하며 인상 깊게 목격했다. 나는 그곳에서 비언어적이고 비지성적인 표현이 남자들 사이에서 얼마나 큰 부분을 차지하는지 처음으로 배웠다. 그렇다고 남자들끼리 소통이 잘 안 된다는 의미가 아니다. 소통의 생명력과 표현의 풍부함이 여자들끼리의 소통과 다른 차원에 있을 뿐이다.

남자들끼리의 소통 방식을 특히 인상 깊게 경험했던 목공 견습생 시절에 겪은 일을 나는 아직도 생생하게 기억한다. 당시 나는 큰 목공소에 견습생으로 있었고, 담배를 피우지 않았으며, '좌파'로 통하는 유일한 노조회원이었다. 그래서 나는 이곳 직원들의 현재 임금수준을 아주 잘 알았다. 그러던 어느 날 최근 임금 인상이 내게만 적용되지 않은 걸 알게 되었다. 나는 순진하게도 바로 경리부로 가서 항의했다. 그런데 내 이야기를 들은 사장이 노발대발 고함치며 화를 내는 것이 아닌가. 불같이 성을 내는 사장을 뒤로하고 나는 완전한 패배자가 되어 경리부를 나왔다. 현장에 있던 모든 직원들이 나를 지켜보았다. 사방은 쥐 죽은 듯 고요했고 심지어 기계들마저 전보다 더 조용해진 것 같았다. 그렇게 조용히 내 자리로 왔을 때, 뒤에서 발소리가 들렸다. 한 목공 기술자가 내게 성큼성큼 다가왔고, 위에서는 사장이 이 광경을 내려다보고 있었다. 그는 내 어깨에 손을 올리며 짧게 물었다.

"담배 한 대 피울래?"

가슴이 뜨거워졌다. 그보다 더 명확한 연대감의 표현은 없을 것이다. 나는 갑자기 힘이 났다. 갈등이 있을 때 확실히 내 편이 되어주고 나를 혼자 내버려 두지 않는 그 누군가가 내 곁에 있었다. 담배를 피우지 않는 사람에게 담배를 권하는 그 한마디가 큰 위로가 되었다. 그리고 그것은 지성과는 무관한 의사소통이었다. 본능적이고 공개적이며 명확한 의사소통 단계, 즉 무브토크와 스몰토크였다. 그 순간 하이토크는 아무런 효력도 없었을 것이다.

그러나 실제로 많은 지성인들이 내 의사소통 단계 모형을 인정하고 싶어 하지 않는다. 그들의 지성이 무시되었다고 느끼는 것 같다. 어떤 교육학자는 '동물의 세계로 후퇴'하는 격이라며 나를 비난했다. 그러나 내 의사소통 단계 모형은 동물이 아니라 인간을 위한 것이다. 지성적인 언어로 소통하는 법을 배우느라 오랜 세월을 보냈지만, 언어적 표현 능력이 아무 소용이 없는 특정 상황이 있음을 경험하고 좌절하며 힘겨워했던 사람들을 위한 것이다. 그들은 유치원, 학교에서 훈련했던 것들이 오직 특정 상황에서만 효과가 있고 다른 상황에서는 무용지물임을 확인하고 좌절했었다. 그런 순간에 의미 있는 의사소통이 되려면 당사자들이 같은 단계에 있어야만 한다.

명확한 설명과 합리적 이해를 근거로 하는 소통 방식이 아니라 완전히 다른 소통 방식이 필요한 상황이 있다. 그것을 쉽게 인정하지 못하는 사람들이 아직 많이 있는 것 같다. 나 역시 지성적인 토론을 즐기는 사람이지만, 많은 지성인들이 교육 과정에서 의사소통에 관한 편협한 소견을 학습한 것 같다.

우리는 머리와 입으로만 소통하는 게 아니다. 누구나 알고 있는 당연한 사실인데도 우리는 자주 그 사실을 잊는다. 몸으로 하는 비언어적 상호작용이 크고 작은 공간에 더해졌을 때 의사소통은 비로소 완성된다.

"말은 한 가지를 전할 수 있다. 반면 전혀 다른 방식으로 전혀 다른 수준에서 소통될 때도 있다. 우리는 이 사실에 익숙해져야 한다."

에드워드 홀의 말이다. 직장에서 갈등으로 괴로워하고 생산적인 대화를 이어가지 못하여 용기를 잃거나 절망한 의뢰인들의 여러 사례를 접하고 그들의 문제를 해결하는 과정에서, 의사소통 단계를 상황에 따라 적절히 활용할 때 문제가 쉽게 해결되는 걸 나는 확인할 수 있었다.

02

단호한 고갯짓의 효과

무언의 메시지가 주는 힘

밀러비트는 키가 160센티미터쯤 되는 작은 체구에 고급스러운 스웨터를 단정하게 입었고 가슴에는 커다란 브로치를 달고 있었다. 최신 유행하는 안경에 잘 매만져진 헤어스타일 그리고 미소 띤 표정이 보기 좋았다. 그녀는 곧 차기 부서장으로 임명될 예정이었는데, 앞으로 치러야 할 불편한 대화 때문에 벌써부터 겁이 났다. 그녀의 부서에는 아침부터 취해서 출근하는 소문난 알코올중독자가 있다. 그녀는 부서장으로서 그를 설득하여 병원 치료를 받게 해야 하는 책임이 있었고,

치료를 거부할 때는 해고까지 고려해야 하는 상황이었다.

우리는 이 대화를 연습했다. 뮐러비트는 우선 알코올중독자 직원(스파링파트너)을 정중하게 사무실로 불렀고 악수를 나눈 다음 그가 앉을 때까지 기다렸다. 그런 다음 근심 어린 표정과 안타까움이 묻어나는 목소리로 전할 말을 했다. 남자는 이야기가 끝날 때까지 잠자코 들었지만 그녀의 말에 전혀 동의하지 않았다. 뭔가 잘못 안 것 같다고 퉁명스럽게 대꾸했다. 그는 절대 알코올중독자가 아니고 문제가 있다면 단지 당뇨가 좀 있는 것뿐이라고 했다. 그녀가 조금만 더 강력하게 강요하면 바로 거칠게 반박할 기세였다.

뮐러비트는 초조해졌다. 어찌할 바를 몰라 브로치만 만지작거렸다. 대화가 예상치 못한 방향으로 흘러 당황스러웠다. 아무튼 어찌어찌하여 겨우 대화를 끝냈다. 그러나 그녀가 중요하게 여겼던 내용들이 과연 직원에게 제대로 전달되었는지 확신할 수 없었다. 대화가 그렇게 허무하게 끝날 줄은 몰랐다. 반면 상대방 남자(스파링파트너)는 잠시 고민하는 행동을 보였지만 결국 자신의 입장을 더욱 확고히 했고 나머지 지적들은 모두 부정했다. 그것으로 그는 여전히 안전한 고지에 남게 되었다.

두 번째 시도에서 뮐러비트는 주장의 내용을 좀 더 개선했다. 그녀는 의학 지식을 동원하여 남자가 스스로 밝힌 당뇨를 대화 내용에서 제외했다. 그러나 결과는 크게 달라지지 않았다. 세 번째 시도에서 그녀는 남자의 알코올중독을 증언할 여러 증인을 세웠다. 역시 진전은 없었다. 여전히 남자는 유리한 위치에 있었고 그녀의 말을 귀담아듣지 않았다. 뮐러비트는 여전히 대화에 자신이 없었다.

그러나 여러 번의 시도를 거치면서 점차 나아졌다. 그녀는 마침내 효과 만점인 전략을 스스로 개발했다. 남자가 들어서자마자 책상 앞을 막아서서 그가 자리에 앉는 걸 막았다. 선 채로 대화가 진행되었다. 그녀는 아주 짧게 결정 사항을 전달했다. 남자가 논쟁을 시작하려 할 때 그녀는 오만한 태도로 그의 말을 막고 단호한 고갯짓으로 문을 가리켰다.

남자는 그 전까지만 해도 상황을 통제할 수 있다고 느꼈지만, 이번엔 대항할 엄두가 나지 않았다. 뮐러비트는 해방감을 느꼈고 마침내 해낸 자신이 자랑스러웠다.

흥미로운 것은 이 장면을 지켜보던 여자들의 반응이었다. 대부분 뮐러비트의 전략에 동의하지 않았다.

"저건 너무 심하잖아요. 같이 일하는 동료한테! 너무 공격적이고 잔인해요."

그래서 나는 재차 스파링파트너에게 기분이 어떤지 물었

다. 그는 전혀 기분 나쁘지 않았다고 대답했고, 그 자리에 있던 여자들은 당혹감을 감추지 못했다. 그는 사무실에 들어서는 순간 벌써 뭔가 심상치 않은 일이 벌어질 것을 직감했고 상사로부터 명확한 지적을 받은 후에는 오히려 맘이 편해졌다고 했다. 변명의 기회를 주지 않았기 때문에 그는 순순히 동의할 수밖에 없었고, 솔직히 속으로 상사의 말이 옳다고 생각했다고 한다.

나는 남자에게 다시 물었다. 초반의 언어적 주장과 비교했을 때, 마지막 시도가 실제로 결정적이었는지. 그의 대답은 명확했다. 그에게 효과적으로 와 닿은 것은 무언의 메시지였다. 자리에 앉지 못하게 한 것, 공격적인 침묵, 그리고 마지막으로 문을 가리키는 단호한 고갯짓까지.

그러나 역할극을 지켜보던 여자들이 가장 흥분한 장면이 바로 이것이었다. 역할극이 끝나고 후속 토론을 하면서 나는 그 이유를 알았다. 그들은 이런 방식으로 대해지는 걸 아주 싫어했다. 그러나 여기에 사고의 오류가 있다. 만일 여자와 여자가 마주 선 장면이라면 대화는 완전히 다르게 진행되어야 마땅하다. 그러나 지금 이 장면은 여자와 여자가 아니라 여자와 남자가 마주 선 상황이다. 밀러비트 앞에는 한 남자가 섰고 그는 썩 내키는 경기는 아니지만 경기를 하려고 그 자리에 섰다. 그리고 상대방의 경기 실력이 자기보다 낫다는 걸 알았을 때 전혀 기분이 나쁘지 않았다. 비록 경기에서 지긴 했지만 적어도 경기를 치렀고 어쨌든 그럭저럭 또 새날이 올 것이었다. 그렇기 때문에 그는 인간적인 모욕을 느끼지 않았다.

미국의 심리학자 앨버트 메라비언Albert Mehrabian은 1970년대에 벌써 '메라비언 원칙'으로 잘 알려진 퍼센트 규칙을 세웠다. 메라비언의 연구는 '강연을 들을 때 첫 3분에서 5분 사이에 강연자의 무엇을 보고 그 사람을 판단하는가'라는 질문을 토대로 한다.

그는 다음과 같은 결과를 얻었다. 강연 내용으로 판단하는 청중은 고작 7~10퍼센트뿐이었다. 38퍼센트가 강연자의 목소리를, 55퍼센트가 강연자의 태도를 중요하게 여겼다. 강연자들이 진지하게 받아들여야 할 연구 결과다. 이런 사실을 고려하지 않은 탓에 얼마나 많은 강의와 강연이 시작 단계에서(종종 끝까지) 청중의 집중을 얻지 못하는가. 전문가들이 자신의 태도나 목소리를 사소하게 취급하는 바람에, 준비에 들인 수많은 수고와 첨단기기의 효과가 얼마나 허무하게 사라지는가.

갈등이나 강연에서 잘 구성된 내용이 무의미하다는 뜻이 결코 아니다. 그러나 주목을 끄느냐 마느냐는 주요 내용을 다루기 한참 전에 이미 결정된다는 사실을 알고 있어야 한다. 그러므로 갈등에서 내용을 다루는 논쟁이 가능하려면 특히 여자들은 남자들을 상대로 먼저 틀부터 마련해야 한다. 이런 틀은 무엇보다 무언의 신호(무브토크)와 언어적이지만 비지성적인 표현(스몰토크)으로 만들어진다. 애석하게도 너무 많은 주장은, 완전히 다른 수준에 있는 갈등 상대에게는 헤어진 애인에게 바치는 헛된 노력에 불과하다.

키보다는 공간적 거리

무브토크의 중요성을 고려하면 키가 큰 사람이 작은 사람보다 유리해 보인다. 특히 여자들에게 이것은 변하지 않는 딜레마다. 한편으로는 사생활에서 키가 너무 크면 불리할 것으로 여긴다. 많은 남자들이 자기보다 큰 여자에게서 매력을 덜 느낄 거라고 생각하고, 다른 한편으로는 직장에서 남자 동료들보다 키가 크면 갈등이 생겼을 때 자기 입장을 관철시키기가 더 쉬울 거라고 생각한다.

체구가 크면 갈등 상황에서 처음부터 유리한 입장에서 출발한다고 생각하는 사람들이 남녀 막론하고 대단히 많다. 그러나 사실 그것은 쓸데없는 생각이다. 물론 키가 큰 사람이 눈에 잘 띄고 자기주장을 펴기에 유리할 수는 있다. 그러나 보장된 건 아니다. 나는 신체의 크기보다 다른 몸짓 언어를 훨씬 더 중요하게 여긴다. 실제로 덩치가 크더라도 자세에 따라 소심하고 비굴해 보일 수 있기 때문이다. 예를 들어 덩치가 아주 크더라도 어깨를 움츠리고 있으면 자신감이 없어 보인다. 반대로 허리를 꼿꼿이 세우고 가슴을 활짝 펴되 싸움을 걸듯 어깨를 잔뜩 올리지 않으면, 그리고 상대방을 똑바로 쳐다보면 당당함이 느껴지고 심지어 권위도 있어 보인다. 이때 키가 얼마냐는 그렇게 중요하지 않다. 얼마나 자신감이 있느냐, 그리고 상대방과 어떤 공간적 거리로 어떤 효과를 목표로 하는지가 중요하다. 자신감이 있고 스스로 결정한 명확한 입장이 있다면 자세에서 드러나게 되어 있다. 상대방이 나보다 키가 커서 대화 내내 나를 내려다봐야 하는 문제가 아니다. 마찬가지로 상대방이 나보다 키가 작아서 대화 내내 나를 올려다봐야 하는 것도 문제가 아니다. 이럴 땐 이렇게, 저럴 땐 저렇게 필요와 상황에 따라 오만함을 전달할 수 있다.

하지만 키 작은 여자가 직장에서 갈등 상황에 있다면 공간적으로 상대방과 가까이 서지 않는 전략이 도움될 때가 있다. 가까이 서면 상대방에게 너무 오래 누군가를 내려다보는 느긋한 기분을 줄 수 있기 때문이다. 그러니 약간 떨어져 서서 목소리에 힘을 실어 크게 말하는 것이 낫다. 목소리에 힘을 싣는 건 단지 싸우기 위해서만은 아니다.

즉흥연기의 창시자 키스 존스톤Keith Johnstone은 이와 관련하여 '지위 의식'의 중요성을 지적했다. 그가 말하는 '지위'란 사회적 지위가 아니라 상대방에 대한 내적인 태도를 뜻한다. 그에 따르면, 우리는 의사소통을 할 때 높은 지위에서 낮은 지위 그리고 다시 낮은 지위에서 높은 지위로 수시로 이동한다. 우리는 동작과 언어로 다양한 지위를 표현한다. 그리고 당장 어떤 지위를 가질지 스스로 결정할 수 있다. 내 앞에 선 동료 혹은 상사의 시선을 피하는 것은(금방 다시 보지만 않는다면) 자신의 지위를 높일 수 있다. 아부하는 동작은 순식간에 낮은 지위로 떨어뜨린다. 머리를 계속 이리저리 흔드는 것 또한 낮은 지위의 표시다. 반대로 조용히 정지 상태로 머리를 유지하는 것은 높은 지위에 해당한다.

존스톤의 주장은 대부분의 경우에서 옳다. 남자 동료나 남자 상사와 맞서는 상황이라면 실질적인 체구는 기본적으로 신발이나 귓불의 크기처럼 신경 쓰지 않아도 되는 요소다. 이때 중점적으로 신경을 써야 하는 것은 현재 상황에서 어떤 신호를 보내느냐다. 키가 150센티미터밖에 안 되는 여성 리더들을 나는 많이 만났다. 크고 강한 남자들이 그녀의 사무실에 들어가려면 대단한 용기를 내고 긴장을 해야 했다. 남자들은 여신의 분노를 두려워한다.

제 3 장

위선적인 공격

왜 공격하는지
알 수 없을 때

01
친절한 표정 뒤에 감춰진 위선

공격자를 이해할 필요는 없다

의욕 넘치는 한 젊은 대학교수가 있었다. 그녀는 자신의 연구 프로젝트가 번번이 무산되는 이유를 알 수가 없었다. 그녀는 자의식이 높았고 맡은 역할을 훌륭하게 해냈으며 학술적으로도 명성이 높았다. 그녀가 세운 연구 계획은 매우 꼼꼼하고 상세했다. 연구비 책정도 현실적이었고 대학 입장에서도 널리 자랑할 만한 프로젝트였다. 그러나 프로젝트를 진행하려면 먼저 남자 교수 다섯 명으로 구성된 심사위원회의 바늘구멍을 통과해야만 했다. 심사위원들은 대부분 그녀보다 나이가 많았다. 그들은 30분가량 되는 그녀의 발표를 집중해서 들었다. 그러나 발표가 끝났을 때 아무도 질문하지 않아 불편한 침묵만 흘렀다. 결국 한 교수가 딸을 대하는 아버지처럼 다정다감하게 물었다.

"바빠서 뉴스를 못 들었는데, 혹시 내일 날씨가 어떨지 아나?"

여교수는 땅이 꺼지는 기분이었다. 명색이 학자란 사람들이 발표를 듣고 어떻게 이런 반응을 보인단 말인가? 도대체 무엇을 잘못한 걸까? 그녀는 쓸데없는 질문을 그냥 무시하고 프로젝트의 중요한 요점들을 한 번 더 반복했다. 그러나 달라지는 건 없었다. 이번 프로젝트도 물 건너간 듯했다. 서로의 체면을 위해 잠시 대화를 나누긴 했지만, 그녀는 강당을 나서며 실패를 직감했다.

앞서 언급한 의사소통의 단계 모형을 이 상황에 적용하면 보다 명확해진다. 여교수는 그녀에게 익숙한 단계, 즉 지적인 토론(하이토크) 단계에 있었다. 이때 위선적이게도 남자 교수는 언어적이되 비지성적인 단계(스몰토크)로 공격했다 (얼마나 친절하게 물었느냐와 별개로 어쨌든 그것은 공격이었다). 여교수는 여느 학자들이 그런 상황에서 느끼는 것과 똑같이 느꼈다. 대개의 학자들은 '멍청한' 수준을 견디지 못하고, 또한 그런 수준의 공격에 무기력하다. 여교수는, 양손으로 눈을 가리고 숨었다고 생각하는 어린아이처럼 반응했다. 그런 공격을 못 들은 척하는 것은 미숙한 반응이며 무엇보다 공격자에게 용기를 주게 된다. 그것은 무기력의 표현이고 어쩌면 야비한 남자 교수들은 그것을 즐겼을지도 모른다. 그녀는 자신 있는 의사소통 단계(하이토크)를 고수했다. 프로젝트에서 중요한 요점들을 반복한 것이다. 그러나 그것이 부질없는 일이었음을 그녀도 알아차렸다.

우리는 이 상황을 다양한 버전으로 재현했다. 마침내 여교수는 언어적이되 비지성적인 스몰토크 공격에는 역시 같은 단계로 반격해야 효과적임을 깨달았다. 그리고 마지막 시도에서 그녀는 다음과 같이 행동했다.

여교수의 발표, 교수들의 침묵 그리고 날씨 공격이 이어졌다. 그녀는 조용히 일어서서 슬로모션처럼 천천히 남자 교수에게 다가가 몸을 숙인 후 얼굴을 똑바로 쳐다보며 침착하게 말했다.

"아니요. 저도 라디오를 들을 시간이 없었어요. 하지만 오늘 날씨는 교수님한테 나쁠 것 같군요. 그것도 아주."

그런 다음 그녀는 당당한 발걸음으로 다시 자리로 돌아갔다. 심사위원들은 당혹스러운 표정으로 침묵을 지켰다. 이번에는 그들이 어떻게 해야 할지 몰랐다.

역할극 뒤에 마침내 여교수는 깨달았다. 발표 전에 이미 실패가 예정되어 있었다는 것을. 그녀는 안일하게도 심사위원들에 대한 조사를 게을리했다. 이런 직접적인 갈등 상황에서는 자존심을 지키고 무기력한 기분을 극복하는 것이 우선이다. 그리고 그녀는 그것을 해냈다. 남자 교수의 공격은 위선적이었다. 다정한 어투와 친절한 표정으로 정반대되는 메시지를 보냈다. 바로 그렇기 때문에 여교수는 못 들은 척 무시하고자 했다. 그녀의 뇌는 친절한 표정 뒤에 숨은 진짜 메시지를 걸러내는 데 한참이 걸렸다.

역할극을 지켜보던 두 여자가 동시에 질문을 했다.

"남자 교수는 어째서 그렇게 못되게 굴었을까요?"

"발표 전에 이미 두 사람 사이에 어떤 갈등이 있었던 건 아닐까요?"

이런 식의 질문 뒤에는 다음과 같은 이성적인 사고 과정이 연결되어 있다. 아무 이유 없이 다른 사람에게 상처를 준다는 건 이치에 안 맞다. 분명 납득할 만한 이유가 있을 것이다. 정말 이유가 있고 그것을 안다면 서로의 행동을 이해하고 갈등을 예방하는 이성적 설명으로 갈등을 해소할 수 있을 것이다.

그러나 당장 눈앞에 닥친 갈등 상황에서 이해를 고집하다가는 적절한 반응을 할 수가 없다. 구체적이고 이성적인 이유나 상대방의 과거에서 원인을 찾느라 적절한 반응을 못 하는 동안 갈등 상황은 점점 심각해진다. 나의 무반응은 상대방에게 유리한 고지를 내주게 된다. 이런 공격에서 이성적 이해로 반응하는 것은 결국 무기력을 표현하는 것이다. 이렇게 진행되어서는 안 된다. 당장의 위협부터 먼저 처리한 뒤, 나중에 이성적인 관점으로 되돌아가 원인을 찾는 것이 좋다. 그러나 당장 필요한 전략은 하나다. 상대방의 공격 '단계' 분석하기다. 이것이 가장 빠른 갈등 해소법이다. 공격자의 입장을 이해할 필요는 없다. 분석이 끝났으면 깔끔하게 반응하면 된다.

워크숍에 참석했던 여자들은 적잖이 당황했다. 한편으로는 해결책을 발견해낸 그들의 동지에게 놀랐고, 다른 한편으로는 해결책이 너무 잔인해서 놀랐다. 한 여자는 아주 슬픈 얼굴로 고백했다.

"나라면 저런 반응을 생각해내지 못했을 거예요. 아직 전투 준비가 덜 되었나 봐요."

아마도 대부분의 여자들이 이렇게 생각할 것이다. 그러나 걱정할 것 없다. 갈등 상황에서 전투를 준비할 방법들이 있다. 첫 대응이 꼭 말일 필요는 없다. 일어서기, 자리 옮기기, 침착하게 상대방 쳐다보기, 돌아서기, 미소 짓기 등 일단 비언어적으로 대처하면 시간을 많이 벌 수 있다. 그런 다음 하고 싶은 말을 하면 된다.

이런 상황을 극적으로 보여주는 유명한 장면이 성경에 나온다. 요한복음 8장 1-11절, 바리새파와 율법학자들이 예수를 함정에 빠트리려는 장면이다. 당시의 모세법에 따르면 간음한 여자는 돌로 쳐 죽이게 되어 있었고, 다른 주장을 펴는 사람은 이스라엘의 존엄한 법과 모세에 대항하는 것이었다. 바리새파 사람들이 소위 간음하다 현장에서 잡혔다는 여자를 데리고 와서는 예수에게 '율법을 거스른 자'라는 누명을 씌우려 했다. 사람을 사랑하기로 유명한 예수였으므로 율법과 다른 의견을 낼 것이라 생각한 바리새파 사람들은 예수에게 어떻게 생각하느냐고 다그쳐 물었다. 자칫 잘못 대답했다가는 이스라엘 백성 사이에서 내쳐질 위기였다. 예수는 이런 함정 질문에 뭐라고 답했을까? 아무 대답도 하지 않았다.

대답 대신 예수는 어린아이들처럼 손가락으로 땅바닥에 무언가를 썼다. 예수는 여전히 침묵했다. 바리새파 사람들은 초조해졌다. 그들은 야심 차게 준비한 질문을 다시 하며 언어적 재촉을 했다.

"어떻게 생각하느냐?"

그제야 예수는 고개를 들어 그들에게 말했다.

"너희 중에 누구든지 죄 없는 사람이 먼저 저 여자를 돌로 쳐라."

그런 다음 예수는 다시 몸을 굽혀 계속해서 땅바닥에 뭔가를 썼다. 그들은 이 말씀을 듣자 나이 많은 사람부터 하나하나 자리를 떴고, 마침내 예수 앞에는 그 한가운데 서 있던 여자만이 남게 되었다.

깔끔하게 맞섰다. 예수는 능숙하게 언어적 지적 단계(하이토크)를 비언어적 단계(무브토크)로 바꾸어 시간을 번 다음 비로소 말로 대답했다. 예수를 따르지 않을 이유가 무엇이란 말인가!

02

우연히 총구 앞에 서다

그저 타이밍이 안 좋았을 뿐

나중에 돌이켜보면 그저 타이밍이 안 좋아서 생긴 갈등 상황도 종종 있다. 이런 경우라면 심각하게 마음에 담아둘 필요가 없다. 이럴 때는 의사소통 단계 모형의 활용도 큰 쓸모가 없다.

픽스너는 국제회의 준비의 총책임을 맡았다. 그녀는 전체 회의 상황을 조직적이고 전문적으로 잘 구성했다. 그리고 퇴근길에 상사로부터 크게 칭찬도 들었다. 곧 있으면 계약 기간이 끝나기 때문에, 그녀는 이 기회에 상사에게 추천서를 요청하는 게 어떨까 생각했다. 요즘 분위기라면 꽤 긍정적인 추천서를 받을 수 있을 것 같았다. 그녀는 집에 도착하자마자 상사에게 이메일을 보냈다. 이틀 후 상사가 그녀를 사무실로 불렀다. 그녀가 자리에 앉자마자 상사는 그녀가 보낸 이메일을 꺼내 노란 형광펜으로 몇몇 군데를 신경질적으로 칠하며 화를 냈다.

"그러니까 최우수 성적을 달라 뭐 그거요? 최근 실적으로 보면 당신 성적은 기껏해야 보통 수준이라고!"

상사는 급기야 고함을 쳤다. 최우수 성적은 꿈도 꾸지 말라고, 그냥 맡았던 업무 내용을 나열하는 정도면 감지덕지일 거라고. 상사의 흥분은 점점 더 고조되었고, 그 사이 픽스너는 상사가 화를 내는 것이 추천서 때문이 아님을 알아차렸다. 그는 다른 일로 크게 화가 났는데, 지금 픽스너에게 화를 풀고 있었다. 상사가 소리를 지르며 방을 이리저리 돌아다니는 동안, 그녀는 말없이 자리에 앉아 있었다. 그녀는 괴로웠고 어떻게 대처할지 몰라 진땀만 났다.

"하지만 ○○프로젝트와 △△프로젝트는 아주 잘 진행했잖아요."

픽스너가 중간중간 반론을 제기했지만 소용없었다. 결국 그녀는 체념하고 고개를 숙인 채 앉아 있었다. 마치 항복하듯이 말없이. 상사가 마침내 조용해졌고 그녀는 사무실에서 나왔다.

픽스너의 상사는 스몰토크(언어적, 비지성적)와 무브토크(비언어적) 단계에 있었다. 반면 픽스너는 처음에 구체적인 근거(하이토크)로 반박하려 시도했고 아무 효과도 얻지 못했다. 우리는 이 상황을 재현했다.

픽스너는 상사가 화를 내는 동안 자리에 앉아 있지 않았다. 상사가 소리를 지르며 사무실을 이리저리 돌아다니는 동안 그녀도 의식적으로 자리에서 일어나 같이 움직였다. 그러니까 이제 두 사람이 넓은 사무실을 돌아다녔다. 지켜보는 입장에서는 전체 상황이 어쩔 수 없이 우스꽝스러워 보였다. 사무실을 돌아다니며 소리를 지르는 상사와 그를 따라다니는 여직원.

나는 잠깐 멈추게 하고 상사에게 기분이 어떤지 물었다.

"우선 성가셨어요. 그리고 '이 여자'가 여기 있다는 걸 알았죠."

그는 이상하게 이름을 말하지 않고 '이 여자'라고 말했다. 이 말은 곧 그가 그녀의 존재를 거의 인식하지 못했다는 뜻이고, 그녀가 그의 나쁜 기분에 방아쇠 구실을 했을 뿐 책임은 없었다는 이야기다.

어린아이처럼 다루어라

다시 재현이 계속되었다. 픽스너는 요점을 짚으며 반론을 몇 번 시도했다. 그러나 상사의 고함에 묻혀 이렇다 할 효과를 내지 못했다.

  나는 역할극을 다시 중단시키고 상황을 명확히 하기 위해 짧은 이야기를 들려주었다. 여러 해 전에 나는 저녁 늦게 어느 작은 시골 식당에 앉아 있었다. 손님은 별로 없었다. 주인은 피곤에 지친 나이 든 여자였고, 빨리 문 닫고 들어가 쉬고 싶었는지 남아 있는 손님들에게 그만 돌아가 줄 것을 공손하게 청했다. 그런데 손님 중 한 명이 만취 상태로 행패를 부리기 시작했다. 그는 의자를 집어 들고 위협적으로 가게 안을 비틀대며 돌아다녔다. 다른 손님들에게 욕을 하고 점점 더 시끄럽게 소리를 지르며 이유 없이 계속해서 화를 냈다. 폭력 그 자체였다. 여주인이 그와 토론을 벌여야 할까? 아니다. 아무 소용이 없을 것이다. 그녀는 남자에게 바짝 다가가서 침착한 목소리로 짧고 간단하게 어린아이에게 하듯이 말했다. 그녀는 천천히 그의 어깨에 손을 올리고 그의 눈을 보며 알아듣기 어려울 정도로 나직하게 달래는 말을 속삭였다. 남자는 정말로 진정이 되었고 의자를 다시 내려놓고 얌전히 자리에 앉았다.

픽스너는 즉시 내 이야기의 포인트를 이해했다. 우리는 흥분한 상사의 장면을 다시 시도했다.

픽스너는 상사를 따라 사무실을 이리저리 움직였다. 그러다 멈춰 서서 식당 주인과 비슷한 방식으로 상사에게 말을 하기 시작했다. 낮은 음성으로 부드럽게 천천히 반복적으로 침착하게.

"진정하세요. 네네, 그렇게…… 차분히…… 네, 진정하시고……."

한참 동안 소리를 지르던 상사가 어느 순간 사무실 한복판에 멈춰 서서 양팔을 늘어뜨리고 가만히 있었다. 침묵이 흘렀다. 나는 왜 그러냐고 그에게 재빨리 물었다.

"모르겠어요. 뭐라고 말해야 할지…… 총알이 다 떨어졌어요."

이제부터는 픽스너에게 달렸다. 그녀가 상황을 어떻게 끝내고 싶은지에 달렸다. 분명한 건 지금 당장 추천서를 받기는 어렵다. 하지만 그녀는 조금 전까지 빠져 있었던 고통의 구렁텅이에서 벗어났다. 모욕감도 사라졌다. 상사는 여전히 팔을 늘어뜨린 채 그녀가 어떤 행동을 할지 말없이 기다렸다. 픽스너는 대화를 그냥 끝내기로 결정했다. 그녀는 "다음에 다시 올게요"라는 짧은 한마디를 남기고 씩씩하게 방을 나갔다. 처음과는 완전히 다른 기분으로.

역할극이 끝나고 진행한 후속 토론에서, 대부분의 여자들은 회의적인 반응을 보였다.

"더 나은 근거로 반론을 제기할 수는 없었을까요?"

나는 상사 역할을 맡았던 스파링파트너를 다시 방으로 불러 의견을 물었다.

"더 나은 근거요? 그걸 받아들였을까요? 소용없어요. 나는 만취한 사람이나 다름없었는걸요."

그는 웃으며 대답했다.

바로 그거다. 그는 만취한 사람이었다. 자신에게 취해 있었다. 추측해볼 수 있는 원인은 수없이 많다. 무언가가 남자로 하여금 분노한 어린아이처럼 행동하게 했다. 그게 무엇이었을까? 부부싸움? 혹은 자식이 문제를 일으켜서? 아니면 그도 상사로부터 압박을 받고 있었을까? 알 수 없다. 또한 그것을 안들 무슨 소용이겠는가. 이런 상황에서는 그런 것에 큰 관심을 둘 필요가 없다.

지성인을 무식쟁이 대하듯 할 수밖에 없는 상황이 실제로 있다는 것은 사실 놀랄 일이 아니다. 우리는 누구나 문화와 교양을 익히기 이전의 선사시대 습성을 간직하고 있다. 이것은 교육으로도 사라지지 않는다. 그러니 그것을 드러내는 일은 결코 부끄러운 일이 아니다.

03

남자 직원 칭찬하기

열광적인 칭찬의 예시

의사소통의 단계 모형이 갈등 상황에서만 필요한 건 아니다. 다른 무대에서도 도움을 줄 수 있다.

 루신스키는 여러 해 전부터 다국적 건설회사에서 대규모 프로젝트를 이끌었다. 그러나 남자 직원들의 훌륭한 업무를 어떻게 칭찬해야 할지 늘 고민이었다. 여자 직원들을 칭찬하는 건 문제가 아닌데, 남자 직원들은 어떤 방식이 좋을지 알 수가 없었다.

우리는 이 문제를 아주 구체적으로 다루었다. 프로젝트를 맡았던 남자 직원 젤러를 대신할 스파링파트너를 방 한복판에 서 있게 했다. 루신스키는 젤러보다 머리 하나는 작았다. 그녀는 젤러를 향해 천천히 다가가 1미터 정도 거리를 두고 멈춰 서서 살짝 허리를 숙여 인사를 했다. 이것을 지켜보던 몇몇 여자들이 자기도 모르게 웃었다. 상사가 직원에게 허리를 숙여 인사하는 것이 적절해 보이지 않았기 때문이다.

두 번째 시도에서 루신스키는 1미터 간격을 두고 선 다음 인사를 생략하고 칭찬의 말을 장황하게 늘어놓기 시작했다. 1년 동안 프로젝트에서 이룬 업적, 어려웠던 작업 환경, 다른 직원들, 그리고 여타 세세한 이야기들을 거론했다. 그리고 마지막으로 젤러와 짧게 악수를 나누었다. 그러나 칭찬을 잔뜩 들은 이 남자는 칭찬이 썩 마음에 와닿지 않았고 만족스럽지도 않았다. 정확한 이유는 설명할 수 없지만 무언가가 부족했다.

세 번째 시도에서 루신스키는 큰 소리로 약간 더 신중하게 칭찬을 했고 비교적 일찍 젤러와 짧게 악수를 나누었다. 젤러는 이전보다 더 좋아하긴 했지만 아직 흡족하지는 않았다. 이어서 몇 번을 더 시도했고 젤러의 만족도는 크게 바뀌지 않았다. 루신스키는 매번 칭찬의 말을 장황하게 늘어놓았다.

나는 루신스키에게 의사소통의 단계 모형을 상기시키고

비언어적인 단계, 즉 무브토크를 더 많이 하라고 조언했다.

루신스키는 천천히 젤러에게 다가가 말없이 그의 손을 잡았고, 젤러는 꼼짝 않고 서 있었다. 그녀는 그의 손을 오랫동안 힘주어 잡고 있다가 천천히 살짝 흔들었다. 그리고 그의 눈을 똑바로 보며 짧게 말했다.

"프로젝트…… 대단했어요. 정말 대단했어요!"

마무리로 가벼운 고갯짓 그리고 퇴장.

젤러는 감탄했다. 내 후속 질문에 그는 이렇게 설명했다.

"이번에 루신스키는 정말 열광적으로 칭찬을 했어요."

열광? 하지만 루신스키는 열광적인 말을 한마디도 하지 않았다. 도대체 뭐가 열광적인 칭찬이었단 말인가.

"그러니까…… 그게…… 눈으로요!"

바로 그것이었다. 루신스키의 강렬한 눈빛이 이 남자에게 진짜 칭찬을 전달한 것이다. 눈빛, 짧은 말, 긴 신체 접촉. 이 모든 것의 합이 '열광적'으로 느껴졌던 것이다.

당연히 여자 직원이라면 다른 방식으로 칭찬해야 한다. 후속 토론을 하던 중 새로운 질문이 나왔다. 깊은 인상을 남기는 신체 접촉은 무엇인가? 악수는 어떻게 하는 것이 좋은가? 이것은 그곳에 있던 모든 여자들에게 아주 까다로운 질문이었다.

남자와 남자 사이의 신체 접촉이라면 기본적으로 오해 없이 접촉할 수 있는 신체 부위가 여러 곳이다. 하지만 직장에서 여자와 남자 사이의 신체 접촉이라면 신중해야 하는데, 남자들끼리는 괜찮아도 여자와 남자라면 오해의 여지가 있기 때문이다. 여자 동료 혹은 여자 상사가 남자 직원의 어깨에 손을 너무 오랫동안 올리고 있으면 단 한 번이라고 해도 그녀가 그에게 남자로서 매력을 느끼고 있다는 오해가 생길 수 있다.

경험으로 볼 때 남자들끼리는 어깨, 팔꿈치, 손목, 팔뚝, 손(악수)을 접촉하는 게 무난하며 오래도록 잡고 있어도 괜찮다. 하지만 상대방이 불편해하는 기색이 조금만 보여도 바로 그만둬야 한다. 여자와 남자 사이의 경우에는 어깨, 팔꿈치, 손목, 손(악수)을 접촉하는 게 무난하며, 결코 오래 접촉하고 있으면 안 된다. 짧게 끝내야 한다. 어깨 부위는 팔보다 약간 오래 잡아도 괜찮다. 특히 어깨는 약간 강하게 접촉하는 것이 좋다. 사뿐히 올려놓는 것이 아니라 툭툭 치는 느낌으로. 악수 역시 앞의 사례에서처럼 약간 길게 해도 된다. 이때도 당연히 상대방이 불편해하는 기색이 조금만 나더라도 즉시 중단해야 한다.

그러나 고의로 하는 경우도 있는데, 이를테면 남자는 권력 게임을 위해 일부러 손을 오래 꽉 쥔다. 그러면 상대방은 더 세게 잡음으로써 권력 게임을 끝낸다. 그리고 이렇게 덧붙인다. "우리는 아직 인생 친구가 아니니 이제 그만 손을 놓으시지." 혹은 "내 손이 탐나는 손인 거 나도 잘 알아. 하지만 그만하고 일해야지."

이때 중요한 규칙 하나가 있다. 항상 당당해야 한다. 그리고 분위기가 아무리 심각해 보여도 결코 미소를 잃어서는 안 된다.

제4장
권력을 드러내는 말

말을 무기로
삼아라

01

내용만 간단히

잔인한 결정을 알려야 할 때

광고기획사에서 일하는 베식은 광고주와 약속한 내용을 지키지 않았고, 우편물 발송도 제때 하지 않았다. 광고주는 몹시 화가 나서 계약했던 대금의 10퍼센트를 삭감하기로 했다. 계약을 진행했던 콘라트가 전화로 이 사실을 통보해야 하는데, 그녀는 이 불편한 사실을 어떻게 전달해야 할지 난감했다. 그래서 콘라트는 상사에게 전화 통화를 하는 동안 옆에 있어 달라고 부탁했다. 언변 좋은 거래처 직원과 통화하는 것이 그만큼 두려웠던 것이다.

전화 통화는 상대방을 볼 수가 없다. 그래서 무브토크 단계를 사용할 수 없다. 우리는 콘라트와 그녀의 상사를 나란히 앉히고, 베식은 이야기가 들릴 정도의 거리에 등을 돌리고 앉게 했다. 그리고 칸막이를 세워 아무도 그를 볼 수 없고, 그 역시 아무도 볼 수 없게 했다.

우리는 차근차근 재현해 나갔다. 콘라트가 베식에게 전화를 걸었다. 베식은 콘라트의 목소리를 듣자마자 과도하게 반가워하며 친절한 스몰토크를 시작했다. 콘라트가 불만족스러운 업무 처리를 지적하자, 베식은 더욱 상냥하게 대화에 임했다. 그는 지체 없이 당혹감을 표현하고 콘라트의 지적에 준비된 대답을 착착 내놓았다. 말로 다 설명하기도 힘들다며 직원들이 고생한 이야기며 그들의 헌신에 대해 길고도 상세하게 늘어놓았다.

"이번 광고를 마무리하기 위해 밤샘까지 했다고요."

콘라트의 상사가 끼어들자, 베식은 열광적으로 반기며 아첨을 했다. 대화의 분위기는 바뀌지 않았다. 그런 식으로 계속 이어질 것 같았다. 베식은 줄곧 아첨, 비굴함, 당혹감으로 대처했다.

두 번째 시도. 콘라트는 이제 조금 더 빨리 요점으로 들어갔고, 속으로 너무 무례한 게 아닌가 싶었지만 목소리도 약간 날카롭게 했다. 그리고 문득 깨달았는데, 이번에는 상사의 엄호가 전혀 필요치 않았다. 혼자 힘으로도 충분했다. 베식은 확실히 아까보다 압박을 느꼈지만, 고생한 직원들을 들먹이며 동정심에 호소함으로써 빠져나갈 구멍을 찾았다.

세 번째 시도를 했다. 콘라트의 상사는 이제 빠지고 그녀 혼자서 전화를 했다. 그녀는 자칭 '잔인한' 결심을 했다. 그녀는 이름을 먼저 밝히지도 않고 오만과 냉정을 섞어 첫 전달 사항을 과장하여 또박또박 말했다.

"약속한 대금의 10퍼센트를 삭감하겠습니다. 일 처리가 엉망이더군요. 저는 ○○사의 콘라트라고 합니다."

베식은 무슨 말을 어디서부터 어떻게 해야 할지 몰랐다. 몸에서 열이 났다. 그는 무언가를 말하려 했지만, 콘라트가 똑같이 단호한 어투로 용건을 다시 반복하자 그만 말문이 막혔다.

"10퍼센트 삭감. 이유는 일 처리 미숙. 알아들었죠?"

베식은 할 말이 없었다. 도움을 청하는 듯 주변을 둘러보았지만 아무도 없었다. 도망갈 곳이 없었다. 대화는 끝났고 그의 기분은 우울했다.

이것을 지켜보던 여자들은 그를 불쌍히 여겼다.

"너무 심하게 몰아붙인 거 아니에요?"

기분이 어떠냐는 내 질문에 베식은 개인적으로 상처를 받지는 않았다고 대답했다.

"일 이야기잖아요."

그 자리에 있던 여자들은 모두 자기 귀를 의심했다.

전할 말만 간단히 전하라

전화 통화 역할극은 오롯이 언어적 표현 형식에만 집중할 수 있는 큰 장점이 있다. 갈등 상황에서 비언어적 반응이 얼마나 중요할 수 있는지 우리는 앞에서 확인했다. 그러나 언어적 반응만으로도 좋은 효과를 볼 수 있다.

콘라트는 첫 번째 시도에서 오랫동안 베식에게 설명했다. 대화 처음부터 구체적인 내용을 가지고 토론을 하려 했다. 대화를 시작하기 전에 이미 문제를 직감한 베식은 미리 준비한 방어 전략을 시작했다. 베식의 친절하고 상냥한 반응 때문에 콘라트는 그의 계략을 빨리 간파하지 못했다. 베식은 친절했던 것이 아니라 친절해 보였을 뿐이다. 어투만 상냥했을 뿐 쓸데없는 형식적인 말만 늘어났다. 베식은 그런 상황에 노련했고 그래서 '도덕적 무술'로 방어했다.

친절하게 대하는 사람을 불친절하게 대하면 그것만으로 벌써 미안한 마음이 들게 되어 있다. 전략적으로 보면 이것은 압박의 변형이다. 베식은 야비하게도 콘라트의 '예의 본능'을 자신의 이익을 위해 이용했다. 그의 목적은 상황을 상세하게 설명하는 게 아니라, 계산된 굴종 전략으로 상대방의 입지를 흔들어 놓는 것이었다. 갈등 상황에서 목소리 크고 당당한 사람이 이긴다는 통설은 미안하지만 틀렸다. 그 반대의 경우가 훨씬 자주 발생한다. 엄살을 부리고 불평하고 신음하며 동정에 호소하는 쪽이 공격 부위를 덜 노출하기 때문에 그만큼 상황을 지배하게 된다. 그리고 직장 내 갈등에서 이런 상황이 자주 벌어진다. 믿고 싶은 것보다 훨씬 더 자주, 그것도 고의로. 베식 같은 노련한 사람들에게는 그에 맞는 방어 전략이 필요하다. 콘라트는 마지막 시도에서 비로소 성공했다.

 탈출구를 열어둔 채 대화를 시작해서는 안 된다. 전할 말만 간단히 해야 한다. 둘의 대화는 동등한 위치에서 주장을 주고받는 토론이 아니다. 그러므로 콘라트가 즉시 그리고 멈추지 않고 전할 말만 정확히 한 것은 매우 효과적이었다. 상대방의 언변이 아주 좋은 경우라면 특히 이런 전략이 필요하다. 말이 많은 상대일수록 짧고 간단한 메시지가 필요하다.

 "일 처리가 엉망이더군요."

 콘라트는 짧고 간단한 메시지로 베식의 언어적 연막을 재빨리 걷어냈다. 같이 지켜보던 여자들도 똑같이 느꼈을 텐데, 무엇보다 콘라트는 내용을 전달했다기보다 권력 신호를 보냈다. 그리고 베식은 그것을 즉시 이해했다. 그는 대화에서 완전히 패배했지만, 남자들의 관점에서 정확히 상황을 파악했다. 그것은 인격을 모독하는 두 사람 사이의 싸움이 아니라 그저 일 이야기였다. 이틀 후면 아마도 베식은 이 대화를 모두 잊고 아무렇지 않게 콘라트와 커피를 마시고 다른 계약에 관해 이야기할 것이다.

02
숨을 조여오는 침묵의 힘

침묵의 파괴력을 이용하라

내가 애용하는 연습이 하나 있다. 여성 참가자와 남성 스파링파트너가 서로 마주 보고 자리에 앉는다. 여성 참가자는 사용설명서 같은 지루한 글을 받아, 이 글을 상대방(스파링파트너)에게 읽어주되 내용을 권력 신호로 느끼게 해야 한다. 클라라와 다니엘이 했던 연습이 특히 기억에 남는다.

둘은 20대 중반이었다. 클라라는 대학을 졸업하고 곧장 IT 회사 팀장으로 입사했다. 시간이 흘러 그녀는 더 많은 직원을 거느리게 되었고 그것은 그녀에게 꽤나 힘든 일이었다. 상사로서 권위가 서지 않는다는 기분이 자주 들었고 비슷한 또래의 직원들 사이에서 특히 더 그랬다. 그들은 끊임없이 그녀를 방해했고 그녀의 능력을 깎아내리기 위해 온갖 일을 꾸몄다. 그들의 역할을 스파링파트너 다니엘이 맡았다. 일러두건대, 지금은 구체적인 갈등 상황이 아니라 약간 지루한 글을 읽어주고 경청하는 작은 연습이다.

클라라는 아주 작은 소리로 읽기 시작했고 다니엘을 한 번도 보지 않았다. 전형적인 그림이었다. 여자들은 대개 낯선 상황에서 작은 소리로 말을 하고 안전 확보를 위해 시선을 회피한다. '나는 중요한 사람이 아니니 나를 공격하지 마세요!'라는 듯이.

우리는 이것을 수정하여 다시 시도했다. 클라라는 큰 소리로 읽었다. 하지만 여전히 다니엘은 귀 기울여 들을 생각이 없었다. 게다가 클라라가 너무 멀리 떨어져 앉은 듯했다. 이것을 알아차린 클라라는 재빨리 의자를 다니엘 쪽으로 끌어당겼고 동시에 자세도 고쳐 앉았다. 그녀는 의자 등받이에 허리를 바짝 붙여 앉았다. 의도한 건 아니었지만, 자연스럽게 허리가 꼿꼿이 섰고 목소리도 더 잘 나왔다.

첫 번째 시도에서처럼(여자들이 이런 상황에서 대개 그러하듯)

허리를 앞으로 숙이고 엉덩이를 의자에 걸치듯 앉으면 횡격막이 눌려 숨 쉬거나 말할 때 필요한 공기를 충분히 얻지 못한다. 자세를 고쳐 앉자 목소리가 저절로 커졌다. 다니엘은 약간의 차이를 느끼긴 했지만 여전히 특별한 관심을 두지 않았다. 게다가 클라라가 읽어야 하는 글은 정말 지루한 내용이었다.

클라라가 어떤 점을 고쳐야 할 것 같으냐고, 나는 다니엘에게 직접 물었다. 그는 무뚝뚝하게 몇 가지 의견을 냈다. 클라라는 상대방 가까이에 똑바로 앉아 시선을 맞추면서 더 크게 읽어 보았다. 그러나 그것만으로는 아직 부족했다. 내 조언에 따라 그녀는 읽는 방식을 약간 바꾸었다. 그러자 다니엘이 갑자기 방어 자세를 취했다.

클라라는 의도적으로 침묵하는 시간을 끼워 넣었다. 한마디도 하지 않는 완전한 침묵. 직접적인 갈등에서는 상대방을 똑바로 보면서 명확하게 침묵할 때가 가장 효과적이다. 침묵인데도 메시지는 확실하게 전달된다.

'이봐! 긴말은 하지 않겠어. 내가 당신을 어떻게 생각하는지 아주 잘 알고 있을 테니까'라는 메시지.

공격적인 침묵은 파괴력을 가진다. 나는 클라라에게 아주 극단적으로 길게 침묵을 넣어보라고 조언했다. 그렇게 하자 우선 읽는 분량이 확연히 줄어 극히 일부분의 내용만 전달할 수 있었다. 그러나 상대방은 확실히 불편함을 느꼈고 그녀에게 집중했다. 정적이 흘렀다. 이 장면을 지켜보던 여자들도 숨을 죽였다. 그들은 지금 눈앞에서 무언가 결정적인 일이 벌어졌음을 알아차렸다. 상대방 남자의 방어벽을 효과적으로 무너뜨린 한 여자의 힘 있는 모습이 거기 있었다.

우리는 조금 더 나가보기로 했다. 나는 클라라가 자기도 모르게 오른손을 다니엘 쪽으로 뻗었다가 이내 거두어들이는 것을 보고, 손동작을 의도적으로 더 크게 해보라고 권했다. 클라라는 이런저런 동작을 시도해본 후 특정 부분을 읽으며 오른쪽 검지로 단호하게 다니엘을 가리켰다. 목소리마저 약간 갈라지는 듯 날카로워졌다. 확실히 그녀는 그런 태도에 익숙해졌고 심지어 즐기고 있는 듯했다. 다니엘은 안절부절못하며 자꾸 자리를 고쳐 앉았다. 느긋하게 앉아 기다리던 처음의 태도는 자취를 감추었다. 그 후 우리는 다니엘에게 휴식시간을 주었다.

날카로운 목소리와 효과적인 침묵으로 메시지를 전달하는 지배적이고 오만한 태도의 클라라 앞에서 다니엘은 정말 힘들어했다. 그리고 문장 끝에 짧고 강하게 "알아들었어요?"라고 덧붙이자 그는 이 상황을 더는 견디지 못했다. 그는 클라라가 아니라 '내게' 신경질적으로 물었다.

"이제 된 거 아니에요?"

나는 그에게 갑자기 왜 그러냐고 되물었다. 그는 짧게 답했다.

"이대로 있다가는 숨 막혀 죽을 것 같아요."

나는 다니엘에게 들은 내용을 말해보라고 했다. 그는 무슨 내용을 들었는지 기억하지 못했다. 그러나 클라라의 침묵과 몸짓이 전달한 메시지만큼은 확실히 이해했다.

여자들은 대개 갈등 상황에서 말이 끊기면 안 된다고 생각한다. 여자들에게 만연해 있는 착각이다. 그래서 여자들이 온갖 말로 안간힘을 쓰는 동안 남자들은 의자에 기대어 그 모습을 지켜보는 상황이 너무 자주 발생한다. 여자들이 장황하게 늘어놓는 말들은 다 쓸데없는 것들이라고 믿는 남자들이 상당히 많다. 어쨌든 첫마디부터 귀를 기울일 필요는 없다고 생각한다. 전달하고자 하는 말에 무게를 실으려면 시작을 잘해야 한다. 말이 아닌 다른 의사소통 단계를 이용해야 한다. 그런데 대부분의 여자들이 거의 필사적으로 고난이도의 '언어 묘기'를 펼친다. 이것은 기껏해야 대화와 상관없는 남자 구경꾼들의 박수갈채를 받을 뿐이다. 그러나 전략적으로 침묵하고 짧게 핵심만 말하는 여자는 상대방 남자의 집중을 얻는다.

당연히, 클라라의 침묵은 할 말이 없어 생긴 당황의 침묵과는 완전히 다르다. 클라라의 의도적인 침묵은 화가 나서 입을 굳게 닫아버린 방어가 아니라, 상황을 지배하는 사람으로서 보여준 공격이다.

03

마초의 공격에 방어하는 법

무례하지 않은 약간의 조롱 더하기

물론 착한 다니엘보다 훨씬 더 강한 상대도 있다. 마초라면 더욱더 힘들다. 그러나 답이 없는 건 아니다.

헬가는 독일의 거대 방직회사에서 일하는 최우수 영업사원이었다. 이 회사는 1년 전에 동유럽의 회사 하나를 인수했고, 헬가가 이 회사에서 자재를 책임지게 되었다. 그러나 그녀는 이곳 직원들과의 첫 대면에서 그들이 상상을 초월하는 마초임을 알았고 가능하면 그들과 상관없이 업무를 처리하려 애썼다. 그러나 아무리 애를 써도 피할 수 없는 강연 일정이 잡혔다. 결국 헬가는 껄끄러운 마음으로 그곳 부서장들 앞에서 강연을 해야 했다.

헬가는 일부러 작은 액세서리 하나조차 옷에 달지 않았다. 머리에서 발끝까지 검은색으로 통일했고, 그것은 그녀의 통통한 체형을 살짝 우람해 보이게 했다. 화장은 전혀 하지 않았고 머리도 크게 신경 쓰지 않았다. 그녀는 구체적인 내용을 중시하는 사람으로 보이고 싶었고 심플한 외양으로 그것을 명확히 하고자 했다. 치장한 외양이 아니라 오직 내용으로 승부한다는 심정으로.

강연은 악몽이 되었다. 그녀는 남자들 앞에 섰고 플립차트를 보며 기술적 발전 상황을 설명했다. 남자들 대부분이 기초 독일어를 할 줄 알았지만, 그녀는 강연을 영어로 진행했다. 남자들은 의자에 편하게 앉아 머리 뒤로 깍지를 끼고 눕다시피 등받이에 기대고 있었다. 그들 중 한 남자가 자꾸 질문을 던져 강연을 중단시켰다. 그의 질문은 대부분 아주 단순한 내용이었고 매번 콧소리로 '허니'라고 끝을 맺었다. 이따금 '달링' 혹은 '스윗하트'라는 말도 했다. 헬가는 화가 나 금방이라도 폭발할 것 같았다. 전문적인 내용을 전달하려는 그녀에게 성적 공격이 진행되고 있었다. 어떻게 해야 할까?

첫 번째 재현에서 문제가 바로 드러났다. 헬가는 플립차트에서 1미터를 채 벗어나지 못하고 그 주변에서만 쭈뼛거리며 맴돌았다. 그녀는 그렇게 처음부터 두려움을 드러냈고 그 자리에 있던 남자들이 그걸 몰랐을 리가 없다.

두 번째 시도에서 그녀는 활동 공간을 확실히 더 넓혔고 과감하게 남자들에게 곧장 다가가기도 했다. 그것만으로도 벌써 분위기가 달라졌다. 그러나 더욱 결정적인 것은 그녀가 행동뿐 아니라 언어적인 면에서도 공격받은 수준에 맞춰 반격해야 한다는 점이다. 그 자리에서 그녀의 전문적인 지식이나 능력을 의심하는 사람은 없었다. 그녀를 화나게 한 것은 비꼬는 듯한 '허니'였다. 그러므로 전문적인 내용으로 반격하는 것은 부질없는 짓이다. 스파링파트너와 여러 번 시도한 끝에 마침내 그녀는 다음과 같은 해결책을 찾아냈다.

남자가 질문하고 '허니'로 끝맺었을 때, 그녀는 아무 대답도 하지 않았다. 일단 '허니' 소리가 공간에 머물러 있게 두었다. 이때 그녀는 남자를 똑바로 쳐다보았다. 그리고 설명하던 마지막 문장을 반복하며 그에게 다가가 그를 내려다보며 미소 띤 얼굴로 다시 한번 또박또박 요점을 반복했다. 그리고 그 자리에 있는 모두가 들을 수 있도록 큰 소리로 경멸하듯 물었다.

"알아들었어요? 너무 어렵나요? 그럼 쉽게 다시 설명해줄까요, 달링?"

다른 남자들이 웃음을 터뜨렸고 어떤 사람은 환호의 휘파람을 불었다. 그들이 누구를 두고 웃고 있는지는 명확했다. '달링'이라는 반격 후에야 비로소 처음으로 진짜 강연 주제가 제대로 다뤄질 수 있었다. 이 상황에서는 무언의 메시지 외에 약간의 반복 전략과 내가 '감정제어기'라고 명명한, 무례하지 않되 약간의 조롱이 섞인, 가령 '달링' 같은 표현을 의식적으로 쓴 것이 결정적 효과를 냈다.

모욕을 당했다는 기분이 계속되지 않게 헬가는 나중에 그의 기분을 풀어주고 진심으로 존중해야 할 것이다. 보란 듯이 그와 술을 마시거나 그 비슷한 자리를 마련하는 것이 좋다. 그러면 갈등은 완전히 해소될 것이다.

언어와 권력에 관한 규칙

끝으로 언어와 권력에 관한 규칙을 요약하면 다음과 같다.

- 무의식에 담긴 내용이 먼저이고, 겉으로 표현된 내용은 그다음이다.
- 누군가의 말을 끊을까 걱정할 필요 없다.

- 전략적 침묵은 매우 효과적이다.
- 목소리를 흉하게 내는 걸 두려워하지 말라. 너무 크게 말하는 건 아닌지 걱정하지 말라. 갈등 상황에서까지 편안한 멜로디에 신경 쓸 필요는 없다.
- 문장 혹은 단락이 끝났을 때, '이해하셨어요?' '그렇죠?' '알아들었죠?' 등 도전적인 질문을 던지면 특히 효과가 좋다.
- 짧은 문장으로 강렬하게 메시지를 전달하는 것이 긴 문장의 장황한 주장보다 낫다.
- 약간 바보같이 느껴지더라도 같은 메시지를 여러 번 반복하면 좋다.
- 말하는 속도가 빠를수록 입지는 더 불리해진다. 느리되 명확한 말투가 강한 인상을 준다.
- 가능한 한 정확한 발음의 표준말을 사용한다.
- 효과적인 의사소통 단계로 바꾸면 더욱 효과적으로 갈등을 해소할 수 있다. 몸짓 언어만 쓰는 무브토크만으로도 가능하다.
- 의도된 언어적 메시지에 대한 무언의 반박, 예를 들어 미소, 따뜻한 시선, 신경질적인 손가락질 등은 의도된 언어적 공격을 막는다. 의도가 잘못 전달되었더라도 갈등 상황인 지금 당장이 아니라 나중에 그 사실을 설명하는 편이 낫다.
- 필요하다면 '달링' 등의 감정제어기를 이용한다.

말은 입에서 나오는 구체적인 정보 그 이상이다. 말은 다양한 인간의 삶을 구성한다. 말은 관계를 망치기도 하고 연결하기도 한다. 또한 남녀 사이의 권력 신호를 전달한다. 그러므로 필요하다면 말을 권력의 수단으로 이용할 줄 알아야 한다.

제 5 장

여자와 남자

남자의 언어를
익혀라

01

여자의 언어, 남자의 언어

여자가 조직 내 입지에서 약한 이유

베를린으로 가는 기차 안에서 일본인 부부가 매점 판매원에게 샌드위치 안에 든 게 무엇인지 물었다. 판매원은 친절하게 대답했다.

"디스 이즈 위드 아이."

일본인 부부는 당황한 표정으로 서로 얼굴만 쳐다보며 아무 말도 하지 않았다. 잘못 들었나 싶어 그들은 다시 한번 물었다. 다시 똑같은 대답이 나왔다.

"예스, 위드 아이. 디스 이즈 위드 아이."

일본인 부부는 충격에 휩싸였다. '아이'라면 'Eye', 즉 '눈'이라는 건데, 눈으로 샌드위치를 만들었다니 있을 수 없는 일이었다. 보다 못한 다른 여행객이 끼어들었다. 판매원이 '에그Egg'라고 했어야 하는데, 계란을 뜻하는 독일어 '아이Ei'를 그냥 말한 것 같다고 설명해주었고, 비로소 모두가 유쾌하게 웃을 수 있었다.

이것은 서로 다른 언어를 쓰는 사람들 사이에 생긴 재미난 해프닝이다. 그러나 언어의 차이로 생기는 해프닝이 늘 재미있는 건 아니다. 자상한 통역기나 재치 있는 해석기가 없어, 남녀 사이에는 자주 오해가 생긴다. 갈등 당사자들이 남녀의 언어가 다르다는 걸 고려하지 않는다면 오해의 골은 더욱 깊어진다. 남녀는 평등하므로 사용하는 언어도 당연히 똑같다? 비싼 대가를 치르게 될 착각이다.

다행히 남녀의 언어 차이를 체계적으로 연구한 사람들이 있다. 북아메리카 사회언어학자 데보라 태넌Deborah Tannen은 조지타운대학에서 여러 해 동안 남녀의 의사소통 태도를 연구하여 1995년 직장의 성별 언어에 관한 흥미로운 논문 〈대화의 위력: 누구의 말에 귀를 기울이고, 그 이유는 무엇인가 The Power of Talk: Who Gets Heard and Why〉를 발표했다.

태넌은 한 대기업 이사와 나눈 대화를 소개했다. 대기업 이사는 보통 사람들이 5개월 안에 내려야 할 결정을 5분 안에 내려야 한다. 프로젝트의 세세한 내용을 모두 파악하고 결정하기는 불가능하므로 그는 단순한 규칙을 정했다. 프로젝트를 제안하는 사람이 스스로 확신에 찬 것 같으면 긍정적으로 검토하고 그렇지 않으면 바로 거절한다는 것이었다.

확신에 찬 어투는 확실히 남자들이 여자들보다 한 수 위다. 여러 기업 대표들이 그렇게 알고 있고, 나 역시 개인적인 직장 경험을 통해 잘 알고 있다. 여자들은 프로젝트를 발표할 때 기본적으로 강점뿐 아니라 약점도 같이 언급한다. 물론 후자는 약하게 표현한다. 그들의 발표는 내용 면에서 훌륭하고 또한 합리적이다. 그러나 바로 그것 때문에 조직에서 그들의 입지는 더 약해진다.

앞에서 말한 대기업 이사는 순진하게도(업무 처리 면에서는 아주 경제적이지만) 남자의 입장에서 여자들도 남자들과 똑같다고 생각하고 남자들의 규칙을 여자들에게도 똑같이 적용했다. 이런 태도가 장기적으로 회사에 유익하지 않을뿐더러, 업무를 쉽게 하려는 경제적 방편에 불과하다는 건 다른 차원의 문제다. 대기업 이사 한 사람만의 이야기가 아니다. 거의 모든 남자들이 그렇다.

태넌은 의사소통 방식의 남녀 차이가 어린 시절부터 이미 나타난다고 보았다. 관찰에 따르면 여자아이와 남자아이 모두 효율적인 의사소통 방식을 발전시킨다. 그러나 그들 사이에는 명확한 차이가 있다. 여자아이들은 '관계'를 중시하는 반면 남자아이들은 '서열'을 중시하는 경향이 있다.

"여자아이들은 가장 친한 친구 한 명과 혹은 소규모로 모여 놀기를 좋아하고 주로 이야기를 하며 시간을 보낸다. 그들은 서로의 관계를 확인하는 데에 말을 이용한다. 예를 들어, 여자아이들은 비밀을 공유하는 사람과 가장 친한 친구가 된다. 여자아이들은 어떤 방식일 때 서열이 생기고 어떤 방식일 때 모두가 동등한지 놀면서 익힌다. 그리고 모두가 동등한 것을 중요하게 생각한다. 오만해 보이면(설령 오만한 말을 하지 않더라도) 또래 여자들 사이에서 미움을 받게 된다는 걸 그들은 어려서부터 배운다. 잘난 척하는 아이는 집단에서 따돌림과 비난을 받는다. '자기가 특별한 줄 아나 봐!' 하고 말이다. 그리고 다른 아이에게 지시를 내리면 '대장 노릇' 한다고 비난받는다. 이런 식으로 여자아이들은 자신의 욕구를 다른 사람들의 욕구와 균형을 맞추는 방식을 배운다. 넓게 말하자면 서로를 위해.

반면 남자아이들은 매우 다양한 방식으로 논다. 그들은 주로 크게 무리를 지어 논다. 여럿이 같이 놀지만 모두 같은 지위를 가지는 건 아니다. 남자아이들은 무리 속에서 높은 지위를 갖고 싶어 하고 그래서 자신을 낮추기보다 돋보이게 하려고 한다. 그리고 대장으로 인정받는 아이가 있게 마련이다. 남자아이들은 '대장 노릇' 한다고 비판하지 않는다. 오히려 대장이 부하에게 명령하기를 기대한다. 남자아이들은 자신의 능력과 지식을 드러내고 다른 사람에게 도전하고 다른 사람의 도전을 받음으로써 서열을 정하는 의사소통 방식을 배운다. 높은 지위를 얻고 유지하기 위해서는 서열이 필요하다. 농담이나 재미있는 이야기로 무대를 장악하는 것과는 다른 방식이다."

물론 태넌도 잘 알았듯이, 세계의 모든 아이를 하나의 잣대로 보편화해서는 안 된다. 그러나 그녀의 이야기는 예외가 아니라 일반적인 규칙이다.

아이들이 노는 모습을 관찰한 경험이 한 번쯤 있다면 주장에 동의할 수 있을 것이다. 여자아이들은 삼삼오오 작은 무리로 놀고 대개는 한두 명의 여자친구와 이야기꽃을 피운다. 남자아이들은 크게 무리 지어 놀고 한두 명이 대표로 흥미진진한 이야기를 한다. 주로 영웅놀이나 몸싸움을 하며 노는데, 아무튼 말은 큰 구실을 하지 않는다.

성별 언어의 차이에 관하여 태넌은 기차에서 만난 일본인 부부 사례와 비슷한 결론에 도달했다.

"다른 사람이 나와 같은 방식으로 같은 말을 하더라도, 그것이 같은 의도일 거라 확신할 수 없다."

의사소통 방식은 직장 경험과 상관없이 어린 시절에 몸에 배기 때문에 성별에 따른 의사소통의 차이는 당연히 직장 어디에서나 발견된다. 그래서 나는 오만 훈련을 개발했다.

대학에서 강의를 하다 보면, 남학생들은 준비를 전혀 못 했어도 아무렇지 않게 앞에 나가 발표를 하고 뻔뻔하게 시시껄렁한 이야기들을 늘어놓는데, 여학생들은 준비도 완벽하게 했고 배경지식도 풍부한데 이상하게 앞에 나가서 발표하기를 꺼렸다. 언젠가부터 나는 이것을 참을 수가 없었다. 남학생들은 그럴 자격이 없어 보일 때조차 능력 있는 사람인 것처럼 자신을 드러냈다. 발표를 듣는 태도 역시 달랐는데, 남학생들은 중간에 끼어들기도 하고 이런저런 이유를 들어 비판함으로써 주의를 끌었다. 반면 여학생들은 그렇게 하려면 엄청난 장애를 극복해야만 했다. 남학생들처럼 해볼 것을 제안받았던 여학생들은 나중에 다소 부끄러워하며 고백했다. 누군가의 말을 끊는 것은 무례해 보이고 아무에게도 매정하게 대하고 싶지 않다고.

나는 데보라 태넌이 발견한 남녀의 의사소통 차이를 직접 목격할 수 있었다. 태넌의 말이 옳다고 인정하는 것만으로는 부족할 정도로.

02

의사소통 방식이 다른 여자와 남자

남자의 언어는 외국어

워크숍에 참가한 여자들이 남자 스파링파트너의 낯선 반응에 당황하는 강도가 특정 지점에 도달하면 나는 늘 약간 겸연쩍은 훈련을 단행한다.

나는 여자들을 남자 스파링파트너 바로 앞에 세우고 앞에 있는 사람을 머리에서 발끝까지 찬찬히 살피게 한다. 여자들이 겸연쩍어하면 나는 진지하게 임해줄 것을 강조하며, 이것은 그들과 다르게 생각하고 다르게 반응하는 전혀 다른 종을 발견하는 일이라고 설명한다. 그리고 활기차면서도 의미심장하게 덧붙인다.

"이 사람은 남자입니다. 여자가 아닙니다. 또한 남장을 한 여자도 아닙니다."

그러면 대부분 잠시 침묵이 흐른다. 그리고 여자들은 속내를 들킨 사람처럼 반응한다. 확실히 사람들은 상대방이 자기들과 똑같은 방식으로 의사소통할 거라 믿는 것 같다.

우리가 지금까지 여러 역할극에서 보았듯이, 남성과 겪는 직장 내 갈등에서 효과적인 의사소통 방식을 선뜻 받아들이지 못하는 여성들이 많은데, 그 이유가 바로 여기에 있다. 여자들은 상대방에게 상처를 주지 않으려 한다. 그리고 무례하고 싶지도 않다. 그러나 그것은 특정 상황에서만 '정중함'으로 통한다.

이를테면 상대방이 나와 같은 성별일 때 그리고 나와 똑같이 생각하고 느끼고 행동한다는 확신이 들 때만 그렇다. 그런데 지위 고하나 교육 수준과 상관없이 많은 여자들이 착각한다. 무의식적으로 상대방이 나와 똑같을 거라고 착각한다. 그러나 현실에서는 남녀가 다른 의사소통 방식을 쓴다. 더 나은 방식이 아니라 그냥 다른 방식이다. 여자들이 남자 상사 혹은 남자 직원과의 노골적인 갈등을 피하기 위해 안간힘을 쓸 때 이런 착각은 더욱 커지고, 그래서 생각했던 것과 다른 반응을 상대방이 보이면 여자들은 놀랄 수밖에 없다. 여자들이 공격으로 느끼는 것을 남자들은 평범한 행동으로 느끼고, 여자들이 파렴치하다고 느끼는 것을 남자들은 소속감의 표시로 생각한다. 그리고 여자들의 눈물을 남자들은 항복으로 이해하기도 한다.

집단, 회사, 조직에서 일하는 사람은 성별이 다른 사람을 외국인으로 여겨야 한다. 상대방이 완전히 다른 문화에서 왔을 때, 내가 당연하게 느끼는 것을 상대방은 다르게 여길 수 있음을 고려하는 것처럼, 상대방이 남자라면 그를 여자처럼 대해서는 안 된다.

겉으로 보이는 친밀함은 거짓이다. 훌륭한 능력과 자질을 갖춘 여자들이 남자들의 악의적인 음모 때문에 승진을 못 하는 경우가 바로 그 때문이다. 여러 분야에서 온 다양한 의뢰인들과의 경험으로 볼 때, 갈등의 대부분은 남자와 여자의 언어 차이에서 비롯된다. 개인적으로 바라건대, 더 많은 여성이 리더 위치에 오르면 좋겠다. 그러나 현재는 남성이 월등히 많이 리더 자리를 차지한다. 여성은 승진 욕구만으로 그 자리에 오를 수 없다. 외국어를 하나 더 배워야 한다. 남자의 언어 말이다.

친절한 빈말은 허점이 된다

불공평한 거 아닌가? 여자들만 남자들의 언어를 배워야 하고, 남자들은 여자들의 언어를 배우지 않아도 된단 말인가? 첫 번째 질문의 답은 '그렇다'. 두 번째 질문의 답은 '아니다'.

그렇다. 그렇게 많은 권력을 (아직도) 남자들이 차지하고 있고 계속 그렇게 유지되는 한 불공평할 수밖에 없다. 여자들은 남자들의 '언어'를 배워야 한다. 그러나 남자가 될 필요는 없다. 목적은 도덕성이 아니라 전략적 이익이다. '정치적 올바름'의 잣대로 보면 영광스럽지는 않으나, 직장 생활로 보면 매우 유용하다.

그리고 아니다. 다른 성별의 언어를 익혀야 하는 것은 원칙적으로 여자들만의 과제가 아니다. 남자들 역시 자신의 이익과 성공적인 직장 생활을 위해 다른 성별의 언어를 배워야 한다. 그러나 이 책은 오로지 여자들을 위한 책이므로, 여자들에게 해당하는 것만 적었을 뿐이다.

특히 리더 자리에 있는 사람은 '두 가지 언어'에 통달해야 한다. 남자의 언어를 모르는 여자 교사는 틀림없이 남학생들과 소통하는 데 어려움을 겪을 것이다(그리고 교무실에서 만나는 남자 교사들과도). 여자의 언어를 모르는 남자 교사는 학습 의지도 없고 마음도 열지 않는 여학생 때문에 고생할 것이다. 회사에서도 마찬가지다. 특히 한쪽 성별에 편중된 분야라면 더욱 상대 성별의 언어를 알아야 한다. 예를 들어 기술 분야에서 일하는 여성 팀장은 남자 직원과 소통하는 법을 알아야 성공할 수 있다. 사회복지 분야에서 일하는 남성 팀장은 사령관처럼 소통해서는 여자 직원들을 이끌 수 없다. 여자의 언어로 여자 직원들과 소통하지 못하면 그와 직원들 사이에는 벽이 생길 것이고 언젠가는 경제적 손실로 이어질 것이다.

남녀의 의사소통 차이는 개와 고양이의 차이에 비유할 수 있다. 기이한 비유가 결코 아니다. 확실히 구조적으로 유사하다. 개가 꼬리를 세우고 가까이 다가오는 것은 친절한 관심의 표시로 긍정적 의미다. 반면 고양이가 꼬리를 세우는 것은 경고이고, 가까이 다가오는 것은 공격적 도전이다.

개가 꼬리를 세우고 쿵쿵대며, 똑같이 꼬리를 세운 상대에게 다가간다. 그리고 마침내 상대가 어떤 동물인지 확인한다. 운이 좋으면 자기와 같은 관심을 가진 같은 종을 만날 수 있다. 똑같은 신호를 보냈고, 같은 언어를 썼으니까. 그러나 운이 나쁘면 가까이 다가가 예상치 못한 봉변을 당한 후에, 그러니까 상대의 발톱에 콧잔등을 다친 후에야 신호를 완전히 잘못 해석했음을 깨닫는다. 결국 개는 잘못 반응했고 그래서 공격을 당했고 하마터면 목숨까지 잃을 뻔했다. 고양이의 입장에서도 개의 행동을 잘 이해할 수 없었을 것이다. 어디서 많이 본 장면 같지 않은가.

인간의 태도를 동물에 비유하는 것이 맘에 안 드는 사람들도 있을 것이다. 사실 우리 모두 배울 만큼 배웠고, 배운 사람처럼 행동하니까 말이다. 하지만 실제로 직장에서 남녀의 의사소통 차이는 아주 크다. 이것을 증명한 실험도 있다. 언어학자 베라 체거스Vera Zegers는 지도교수와 상담하는 남녀 대학생들의 대화 태도를 연구했고 다음과 같은 결론을 얻었다.

"여자 대학생들은 명확한 요구사항 없이 차분하게 자신의 불만을 말했고 자신의 능력을 최대한 겸손하게 표현했다. '이 주제에 관해 스무 권이 넘는 책을 읽었지만, 여전히 잘 모르겠습니다'라는 식으로. 그리고 '나'라고 말해야 할 곳에 '사람들'을 넣어 말함으로써 자의식이 부족함을 드러냈다."

나는 이런 현상을 여러 의뢰인에게서 직접 목격했기 때문에 이 주장을 인정할 수밖에 없다. 남성 리더들은 종종 과하다 싶을 만큼 자의식을 드러낸다. 다른 사람의 이름이 들어가야 마땅한 곳에 아무 거리낌 없이 '나'를 넣어 '내 부서' '내 사업' '내 팀'이라고 말한다. 조금만 살펴보면 조직의 결정권이 한 사람에게 달려 있지 않음을 쉽게 알 수 있을 때조차도 그러하다. 심지어 소유주가 아니라 그저 책임자로서 3년 정도 일했을 뿐인데도 '내 회사'라고 말한다. 남자들은 권력 주장을 위해 과한 자의식이 담긴 표현을 널리 이용한다.

반면 여자들은 여러 해 전부터 팀장으로 있으면서도 주로 '우리 팀' '우리 부서'라고 부른다. '나'는 거의 등장하지 않는다. 성공을 보고할 때도 마찬가지다. 남성 리더들이 아주 당연하게 '내가' 그것을 해냈다, 성공했다, 관철시켰다고 말하는 반면, 여성 리더들은 같이 일한 사람들을 치켜세운다. '우리는 아주 멋지게 해냈어요!'라고.

물론 이 방법은 확실히 팀 분위기를 좋게 할 수 있다. 그러나 남자 경쟁자에게 그녀의 능력과 실적에 대한 공격의 빌미를 줄 수 있다. 성공에 기여한 공을 논하는 자리라면 여자들은 앞에 선 상대가 누구인지 명확히 알고 말해야 한다. 여자 동료들 앞에서 나의 공을 부각시키는 것은 오히려 역효과를 낳는다. 그러나 남자들(상사, 고객, 이사진) 앞이라면 그렇게 해야 한다. 그것은 결코 재수 없거나 잘난 척하는 행동이 아니다. 영리한 행동이다.

또한 체거스에 따르면, 모호한 표현은 여자들이 기대한 것과 달리 남자들에게 전혀 다른 효과를 낸다. 여자들은 정중함을 표시하기 위해 확정적인 표현을 삼가지만, 남자들은 그것을 불안과 무기력으로 이해한다. '할 수 있을 것 같아요' '그랬을 거예요' '그래 주면 좋겠어요' '그렇게 하면 어떨까요?' '그럴 수도 있겠네요' '혹시 그럴까요?' 등. 여자들은 잘못된 규칙에 사로잡혀 있다. 강요하는 듯한 확정적인 표현을 삼가야 한다는 것과, 남자들이 선호하는 지시 어투, 예를 들어 '내 생각은……' '내가 확신하기로……' '반드시 그렇게 되어야 해' '누가 그래?' '아무도 반대하지 않아' '내 생각은 달라' '그렇게는 안 돼' '그렇게 해' '확실해' '지금 당장' 같은 말을 사용해서는 안 된다는 규칙 말이다.

친절함을 보이기 위해 빈말을 끼워 넣거나 거짓으로 공감을 표현하는 것은 더욱 심각한 결과를 낳는다. 기대한 것과 완전히 다르게 해석되고 만다. 여자들은 '안됐네요' '애석하군요' '그런 뜻으로 한 말이 아니에요' '내 실수예요'라고 해놓고 남자들이 대수롭지 않게 흘려버리기를 기대한다. 그러나 그런 일은 거의 생기지 않는다. 남자들은 이런 빈말을 여자들과는 완전히 다르게 이해한다. 철저히 글자 그대로 이해한다. 그리고 그에 맞는 반응을 한다.

"자기가 실수한 거니 미안하다고 하는 거지. 이제 내가 나서서 가르쳐야겠군!"

실수를 인정하지 않으려는 남자

여자들이 상황을 부드럽게 하기 위해 별 뜻 없이 끼워 넣는

'미안해요' 같은 말은 애석하게도 상대방 남자에게는 항복의 신호로 받아들여진다. 그러면 그는 상대방 여자를 얕잡아 보게 되고 책임을 떠넘기기에 안성맞춤이라고 생각한다. 실수를 대하는 남자들의 태도는 여자들과 완전히 다르다. 실제 있었던 사례 하나를 보자. 남녀 사이의 전형적인 대화다.

50대 여자 고객과 젊은 판매원 사이의 대화다. 두 사람은 백화점 생활용품 코너에 있다. 여자는 판매원에게 와인쿨러에 대해 묻는다.
"와인쿨러에 대해 물어도 될까요?"
"물론이죠. 뭐든 물어보세요."
"저쪽 뒤에 와인쿨러가 여럿 있는데…… 도기로 된 쿨러는 어떻게 사용하는 거죠?"
"얼음을 넣은 다음 와인 병을 넣으면 됩니다."
"하지만 폭이 너무 좁아서 얼음을 넣으면 와인 병 넣을 자리가 없어요!"
"그럼 얼음 넣고 그 위에 와인 병을 올리면 되죠."
침묵.
"그쪽도 잘 모르는군요. 그렇죠?"
"같이 가서 보시죠. 포장에 사용법이 적혀 있을 겁니다."
남자가 웃으면서 대꾸한다.

정말로 도기 와인쿨러 포장에는 사용법이 적혀 있었고, 그것에 따르면 얼음은 필요 없었다. 와인쿨러를 냉동실이나 차가운 물에 오래 넣어두었다가 충분히 냉각되었을 때 꺼내 와인 병을 담으면 된다. 얼음은 전혀 필요 없이.

판매원은 사용법을 읽고 나서 싱긋 웃었다.

"아하, 이렇게 쓰는 거구나. 다행히 우리가 알아냈네요. 그쵸?"

남자들의 전형적인 반응을 잘 보여주는 대화다. 처음 여자가 물은 '○○○에 대해 물어도 될까요?' 같은 질문에 남자들은 '아니요'라고 답하지 않는다. 두 번째 질문("어떻게 사용하는 거죠?")에 자신 있게 틀린 답을 한 것 역시 익숙한 장면이다. 또한 잘못된 주장을 고집하는("그럼 얼음 넣고 그 위에 와인 병을 올리면 되죠") 것 역시 전체 그림과 아주 잘 맞다. 심지어 실수를 인정하라는 친절한 지적("그쪽도 잘 모르는군요. 그렇죠?")에도 남자는 태연하게("같이 가서 보시죠") 대답한다. 잘못 알았다는 것이 명명백백하게 드러났을 때조차 그는 자신의 실수를 인정하지 않는다. "우리가 알아냈네요." 그걸로 끝이다. 몰랐다는 말은 한마디도 하지 않는다. 남자들은 어쩔 수 없는 경우가 아닌 이상 어떤 실수도 인정하지 않으려는 본능을 가진 것 같다.

여자의 세계와 남자의 세계는 확실히 다르다. 그리고 그들이 사용하는 언어는 특히 더 다르다. 체거스는 판매원과 똑같은 태도를 지도교수와 대학생들 사이에서도 확인했다. 체거스에 따르면 "지도교수와 실수나 태만에 대해 이야기할 때 남학생들은 여학생들과 달리 종종 실수와 태만이 있었는데도 자신의 잘못을 인정하지 않았다." 과연 그들은 결코 잘못을 저지르지 않는 종족이란 말인가.

남자들에게 직장 내 갈등이란

성별의 차이는 실수를 대하는 태도에서만 문제가 되는 게 아니다. 남자들은 직장 내 갈등 상황을 어떤 의식이나 경기쯤으로 여긴다. 남자들은 사무실이나 회의실에서 큰 소리로 격하게 다투었더라도 금방 풀어지고 다시 친한 동료로 잘 지낸다. 그러나 여자들에게 이것은 도저히 이해할 수 없는 수수께끼다.

한 여자 변호사는 상대 변호사나 검사와 심하게 대립한 경우에는 재판 후에도 앙금이 남아 서로 멀리한다고 한다. 복도에서 우연히 마주치면 그들은 짧은 목례만 겨우 하고 지나친다. 그러나 똑같이 법정에서 칼을 휘두르듯 싸운 남자 변호사들은 재판이 끝난 직후 농담까지 주고받고 혹은 함께 술을 마시러 가기도 한다. 여자들에게 심각한 것이 남자들에게는 사소한 일일 수 있다.

회사도 법정과 똑같다. 대부분의 부서장들은 다음 해 예산을 책정할 때의 분위기를 잘 알 것이다. 이 기간에는 기본적으로 부서 간에 치고받고 찌르는 전투가 벌어진다. 한쪽에서 신랄한 비판을 가하고 다른 쪽에서 과거의 실수를 들춘다. 피 튀기는 설전이 오간다. 그러나 원하는 대로 부서 예산이 정해지면 노련한 부서장들은 바로 전투에서 빠지고 회의가 끝난 후 출구에서 서로의 어깨를 토닥인다. 이런 의식에 익숙하지 않은 사람에게는 이 모든 것이 우스꽝스러운 연극처럼 보일 것이다. 격한 다툼과 과열된 흥분이 눈 깜짝할 사이에 화해로 돌아서는 것처럼 보이기 때문이다.

데보라 태넌은 (공격처럼 보이는) 이런 장면을 단순한 '전투 의식'으로 설명한다. 태넌에 따르면 남자들은 이런 다툼을 일종의 미지 탐험으로 이해한다.

"남자들은 자신의 생각을 확실하고 절대적인 것처럼 소개하고 상대방의 반응을 살핀다. 그의 생각이 공격을 받으면 그것으로 그는 자신의 생각을 검토할 기회를 얻는 것이다. 같은 맥락에서 동료를 공격함으로써 '악역 놀이'도 가능하다. 그들은 일부러 동료의 약점을 들춰내고 흠집을 내려 애

쓴다. 그들은 이런 방식으로 동료가 자신의 생각을 더 깊이 연구하고 검토하도록 돕는다."

극도로 가열된 분위기에서 진행되지만 전투가 끝나면 그걸로 모두 끝난다. 그렇다면 겉으로 보기에 격렬한 전투지만 사실은 전혀 심각한 일이 아니란 말인가? 그렇다.

언어 번역기

외국어를 배우는 첫 단계는 무엇보다 외국어임을 명확히 인지해야 한다는 것이다. 이것은 저절로 이루어지는 단계가 결코 아니다. 우리의 뇌는 끊임없이 유사성을 찾고 결국 실수로 이끌기 때문이다.

직장 여성들의 그런 실수를 막기 위해 나는 일종의 '언어 컨닝페이퍼'를 만들었다. 부족하나마 직장에서 쓸 수 있는 번역기 구실을 해줄 것이다. 밝혀두건대 완벽하지는 않다. 이것은 워크숍에서 만난 남녀 직장인들로부터 얻은 오랜 경험을 바탕으로 만들어진 것이다.

여자 동료/ 여자 상사의 표현	그녀의 의도	남자 동료와 남자 직원이 받아들이는 의미
되묻기, 확인, 사과, 동의	친근함, 사무실 분위기를 좋게 하기 위해	비굴함, 불안함
존중 부족, 무시에 대한 불평	더욱 존중받기 위해	과민함
핵심을 말하는 공격	문제 해결을 위해	인정("우리의 언어를 할 줄 아네.")
확정적인 표현 안 쓰기 : ~한다면, ~했더라면, 그럴지도 모른다, 어쩌면	건설적인 대화를 위해, 선두에 나서지 않기 위해	결단력 부족 ("자기가 뭘 원하는지도 모르는군.")
공과 사를 구별하지 못한 공격, 오래전에 끝난 일을 다시 꺼내 지적하기	앞으로 있을 말다툼을 막기 위해, 문제를 해결하기 위해	억울함을 느낀다 ("뒤끝 있네." "기억에도 없는 일인데.")
뒤로 물러나 있다	공간 확보를 위해	"문제가 없나 보군. 그럼 나야 땡큐지."

〈직장에서의 여자 언어〉

남자 동료/ 남자 상사의 표현	그의 의도	여자 동료와 여자 직원이 받아들이는 의미
주장, 도전, 경쟁 언어	의식을 거행하기 위해, 서열을 명확히 하기 위해, 자기 확신을 위해	공격 (마음의 상처를 받으며 방어 태도를 취한다)
논리적이고 전문적인 언어	해결에 집중하기 위해, 공정함과 정의를 위해	감정적 냉기, 무시, 개인에 대한 공격 (격렬하게 방어한다)
언어적 공격	일종의 스포츠, 심지어 찬사	악의, 잔인함 (개인적으로 모욕감을 느낀다)
'우리' 혹은 '사람들' 대신 '나'를 넣어 말하기	주목을 끌고 능력을 보이며 정당한 경쟁을 요청하기 위해	기분 나쁜 자기 자랑, 권력 과시
비언어적 메시지 (표정, 어깨 두드리기, 어깨 으쓱해 보이기)	명확하게 전달하기 위해	불안감("왜 아무 말도 안 하지?")

〈직장에서의 남자 언어〉

제6장
여성 리더의 오만

서열 싸움을
피하지 말라

01

지위를 정립하라

서열 정리하기

렘케는 유머 감각과 여유로움을 겸비한 자신감 넘치는 40대 여성으로 잘나가는 정육점을 운영한다. 그녀는 여직원 둘을 데리고 정육점을 책임지고 있고, 그녀의 남편은 도축이나 냉장저장고를 총괄하는 동시에 옆 건물에서 남자 직원과 견습생들을 데리고 유기농 고기로 만든 안심, 돈가스 그리고 인기 상품인 고기파이를 생산한다. 그런데 이 부부는 전화 때문에 자주 싸운다. 대략 다음과 같은 상황이 벌어지기 때문이다.

"렘케 정육점입니다."

렘케가 전화를 받자 전화 건 남자가 대뜸 사장을 바꿔달라고 했다. 지금 자리에 없다고 하자, 언제 돌아오느냐고 물었다. 렘케는 사장이 지금 소시지를 만드는 중이라고 했고, 남자는 사장을 불러오면 되지 않느냐고 다그쳤다. 렘케는 하는 수 없이 대답했다.

"알았어요. 하지만 좀 기다려야 할 거에요."

렘케는 남편을 부르러 가면서 앞으로 벌어질 일을 떠올렸다. 남편은 일할 때 방해받는 걸 제일 싫어한다. 남편은 화를 누르며 전화를 받았고, 전화 건 남자는 프랑켄소시지 네 봉지를 내일 오전까지 준비해 달라고 주문했다. 남편은 주문을 기록한 후 신경질적으로 수화기를 내려놓았고, 왜 이런 사소한 일로 한참 일하는 사람을 불렀냐고 화를 냈다. 렘케가 억울해하며 대답했다.

"그 사람이 꼭 사장과 이야기하겠다고 했다니까."

이 장면을 재현하기 전에 나는 렘케에게, 전화 건 남자가 원하는 게 무엇인지에 집중해보라고 충고했다. 왜냐하면 그는 자기가 원하는 걸 밝히지 않고 바로 '사장'부터 바꾸라고 했기 때문이다. 렘케는 남자가 전화 건 목적을 알아낼 생각을 했었을까? 아니다. 렘케는 아무 생각이 없었다. 남자가 사장을 바꾸라고 하니, 그냥 남편을 데려왔을 뿐이다.

정육점에서 자신의 역할이 무엇이라고 생각하는지에 대해 나는 렘케와 좀 길게 대화를 나누었다. 알고 보니, 정육점을 차리는 데 들어간 돈의 상당 부분이 그녀가 친정에서 유산으로 받은 돈이었다. 그녀는 아침부터 저녁까지 정육점에서 일할 뿐 아니라 홍보도 책임졌고 주말에는 회계장부도 정리했다. 한마디로 그녀는 정육점에서 아주 핵심적인 역할을 하고 있었다. 직원들 모두가 그녀를 '사장님'이라고 부르는 건 결코 우연이 아니었다. 나는 그녀에게 간단하게 조언했다. 진짜 '사장'이 되라고. 그리고 전화를 건 남자에게 그걸 명확히 밝히라고. 우리는 장면을 다시 한번 재현했다.

전화 건 남자가 사장을 바꾸라고 했다. 렘케는 약간 머뭇거리다 대답했다.

"제가 사장인데요."

전화 건 사람은 잠시 말이 없었다. 그런 다음 앞에서 했던 소시지 주문을 똑같이 했고, 아무런 문제 없이 상황은 끝났다. 렘케는 너무 간단히 끝나서 약간 당황스러웠다. 전화 건 사람 역할을 했던 스파링파트너의 설명은 명쾌했다.

"나는 사장과 이야기하고 싶었고, 사장과 이야기를 했어요. 그러면 된 거죠."

서열 정리를 위한 남자들의 시도

전화 건 남자가 원한 것은 내용 전달이 아니라 먼저 지위 정보였다. 그래서 지위 정보를 받자마자 바로 내용 전달에 들어갈 수 있었다. 이렇듯 짧고 평범해 보이는 장면에서 우리는 벌써 직장에서 생기는 남녀의 기본적인 의사소통 차이를 볼 수 있다. 렘케는 전화 건 남자가 마치 여자인 것처럼 소통했다. 만약 정말 여자였더라면 지위 정보 먼저 주는 것이 오히려 맞지 않았을 터이다. 반면 남자들은 지위가 확실히 정해져야 구체적인 내용으로 들어간다.

데보라 태넌은 이런 태도의 차이가 이미 어렸을 때부터 만들어진다고 했다. 여자들은 이런 차이를 모른 채 남자들의 지위 질문을 무심히 흘려버리게 된다. 내용과 상관없는 쓸데없는 이야기이므로. 여자들의 의사소통은 수평적 관계에 있기 때문에 그들은 금방 동등한 입장에서 의견을 교환한다. 그러나 남자들의 의사소통은 수직적 관계에 있으므로 먼저 서열부터 정리해야 한다.

서열은 말없이 순간적으로 정리되기도 한다. 특정한 태도로 회의실에 들어와 특정 자리에 앉기만 하면 된다. 그러면 회의실에 있는 남자들은 그것이 어떤 신호인지 바로 알아차린다. 그리고 그런 지위 신호가 참석자들로부터 인정되면 곧

바로 일을 시작할 수 있다. 그러나 만약 지위 신호가 인정을 못 받으면, 많은 여자들이 남자들과의 대화에서 겪는 그런 신경전이 벌어지게 된다. 말하자면 여자들은 어서 본론으로 들어가고 싶은데 남자들은 자꾸 쓸데없는 딴 이야기를 이러쿵저러쿵 늘어놓는다. 그러나 이런 '쓸데없는 이야기'가 바로 서열을 정리하기 위한 시도일 수 있다.

그러므로 직장에서 영향력 있는 지위에 오르고자 하는 여자들은 원칙적으로 서열 정리 때 상대 남자를 회피해서는 안 된다. 서열이 합의되지 않은 상태에서 스스로 높은 지위에 서고자 하면 업무 과정 내내 밀어내기가 계속될 것이다. 이런 저항은 앞서 언급한 세 가지 단계 모형으로 나타난다.

하이토크

- 조직이나 업무 과정의 문제점 지적하기
- 전문적인 능력 의심하기
- 어깃장 놓기

스몰토크

- 말 끊고 끼어들기
- 논의 순서 바꾸기
- 스포츠, 휴가, 날씨, 사적인 이야기("어제 또 늦었다며? 더는 못 봐주겠

군.") 늘어놓기

무브토크
- 지각하기
- 이야기 도중에 창문 열기
- 노트북, 휴대전화 사용하기
- 휴대전화가 울리게 그냥 두기
- 갑자기 방에서 나갔다가 다시 들어오기
- 가방이나 그 비슷한 것을 소리 나게 열기

남자들은 이런 식의 서열 싸움에서 모욕을 느끼거나 상처받지 않는다. 그들은 이것을 일종의 게임이라고 생각한다. 그러나 그 결과는 굉장한 정치적 의미를 가진다. 또한 남자들은 이런 식으로 무리 속에서 자신의 위치를 정한다.

'나는 도전했고 한계에 부딪쳤다. 그리고 무리 속 나의 위치를 확인했으니 만족스럽다.'

이런 지위 확인은 우리가 본 소시지 주문 사례보다 훨씬 더 공격적으로 진행될 수 있다.

02
지위를 확인시켜라

거장과의 싸움에서 이기는 법

피셔는 대학에서 정신과학을 공부했고, 대학을 졸업한 후에는 조립식 건축으로 유명한 어느 기업가 2세와 사랑에 빠져 결혼했다. 그러나 그것이 그녀의 미래에 어떤 의미인지를 결혼한 후에야 비로소 알게 되었다. 모두들 너무나 당연한 듯, 그녀가 남편 회사에서 경영진의 일원으로서 수백 명의 직원을 거느려야 한다고 생각했다. 그녀에게는 새로운 경험이었지만, 어쨌든 과감하게 뛰어들어 몇 년을 일했고 회사는 더욱 성장하였다. 쉰 살이 되었을 때는 남편과 공동 대표가 되었고 그 후 회사 분위기도 바뀌고 대외적인 평판도 좋았다.

그러나 그녀도 어쩔 수 없는 늘 반복되는 상황들이 있었다. 사무실 분위기를 좋게 하기 위한 그녀의 노력은 번번이 예거라는 나이 많은 가구 기술자 때문에 물거품이 되었다. 가구 기술자로서의 능력만 보면 예거는 그 분야 거장이었다. 그러나 직원들과의 관계는 최악이었다. 고객이 있든 없든 예거는 전혀 상관하지 않고 아무에게나 고함을 쳤다. 그래서 같이 일하기 싫어하는 직원들이 많았다. 그러나 회사 입장에서 그의 노하우를 포기할 수는 없었다. 피서는 사내 평화를 위해 이제 이 거장과 대화를 할 작정이다. 그와 직원들과의 악화된 관계를 더는 그냥 둘 수가 없었다. 피서는 잠시 마음을 가라앉히고 생각을 정리한 다음 예거의 사무실로 갈 생각이었다.

우리는 워크숍에서 이 상황을 구체적으로 연습했다. 피서는 예거의 사무실로 갔고 노크를 했다.

"네!"

그녀는 퉁명스러운 대답을 듣고 안으로 들어섰다. 미소를 지으며 조심스러운 발걸음으로. '지뢰밭'이 바로 연상되었다. 나는 재현을 중단시키고 예거(스파링파트너)에게 사무실에 들어온 피서를 봤을 때 기분이 어땠냐고 물었다.

"아무렇지도 않았어요. 들어오면 들어온 거죠. 여긴 내 사무실이잖아요."

예거는 자기 영역에서 안전했고 유리한 고지를 차지한 기분이었다. 하지만 피셔 입장에서 보면 예거가 그런 기분이면 안 된다.

우리는 처음부터 다시 시작했다. 이번에는 피셔가 예거를 사무실로 불렀다. 예거는 들어가기 전에, 아까처럼 편하지만은 않다고 내게 고백했다. 확실히 영역 때문에 생긴 감정이다. 예거가 사무실 문을 열자 피셔는 벌떡 일어나 문 앞까지 가서 그를 맞았고 친절하게 자리를 권했다. 예거가 자리에 앉은 후 그녀도 제자리로 돌아가 앉았다. 예거는 책상에 손을 올리며 피셔에게 물었다.

"요즘 어때요?"

피셔는 자기 기분을 이야기하기 시작했다. 당신의 고함 소리를 들으면 기분이 어떤지 아느냐, 더는 참기 힘들다, 우연히 찾아온 고객들에게 창피하다, 어떤 견습생은 모욕감마저 든다더라, 그런 의사소통 방식은 우리 회사와 맞지 않는다 등등을.

나는 다시 중단시켰다. 그리고 예거에게 기분이 어떠냐고 물었다. 예거는 팔짱을 낀 채 웃으면서 대답했다.

"아무렇지도 않은데요. 계속 더 길게 얘기해도 괜찮아요."

이 말에 피셔는 믿을 수 없다는 듯 헛웃음을 지었다. 다른 여자 관찰자들 역시 예거의 반응에 당황했다. 피셔가 그렇게 열심히 설명을 잘했는데, 그렇게 당당하고 권위 있게 말했는데, 어떻게 이 남자는 그걸 전혀 인식하지 못한단 말인가.

아주 전형적인 언어적 오해다. 피셔가 말을 시작하기 전에 이미 예거는 논쟁을 시작했다. 다만 피셔가 그것을 알아차리지 못했을 뿐이다. 예거는 사실 처음에는 그다지 편하지 않았다. 피셔의 사무실은 상대방의 구역이니까. 그러나 그는 재빨리 다시 편하게 숨 쉴 수 있었다. 우선 그는 노크 없이 문을 열었다. 그런데도 피셔는 전혀 개의치 않았다. 예거 1점 획득. 피셔는 그를 친절하게 맞았고 책상에서 일어나 자리를 권했고 그가 앉은 후에 자리에 앉았다. 예거 3점 획득. 피셔는 심지어 그가 책상에 손을 올려놓도록 내버려 둠으로써 영역 점령을 허락했다. 예거 1점 획득. 그런 다음 예거는 직원 대하듯 피셔에게 "요즘 어때요?"라고 물었다. 이것을 그냥 내버려 둠으로써 피셔는 예거에게 다시 3점을 잃었다. 여기까지 벌써 8대 0으로 예거가 앞섰다. 그리고 피셔가 개인적인 기분을 이야기하기 시작했을 때, 예거는 느긋하게 구경하듯 들었다. 당연히 내용은 한 귀로 들어와 한 귀로 나갔다.

후속 토론에서 스파링파트너가 밝히기를, 그는 지위 신호가 있을 거라 예상했지만 전혀 없었기 때문에 승리자 기분으로 피셔의 말을 대충 흘려들었다고 한다.

피셔는 허탈해했다. 그녀는 서로 좋게 해결하고 싶어 예거를 공정하게 대했고, 정말로 정확하게 의견을 전달했다. 그런데 왜 그는 귀담아듣지 않았을까? 피셔가 남자와 마주했으면서도 마치 여자와 대화하듯 했기 때문이다.

여러 시도와 수정 끝에 마침내 피셔는 예거처럼 단단한 돌멩이에 작은 점이라도 찍으려면 처음부터 지위를 명확히 해야 한다는 걸 깨달았다. 마지막 결투를 위한 막이 올랐다.

강력한 방어 전략의 한 예

예거가 문을 열었고 피셔는 책상에 그대로 앉아 있었다. 그가 들어서려 할 때, 그녀는 그를 빤히 보다가 짧고 단호하게 말했다

"잠깐만요."

그리고 한참 동안 서류들을 살펴보았다. 그동안 예거는 문 옆에 서서 어디로 가야 할지 몰랐다. 마침내 그녀가 그를 불렀다.

"자리에 앉으세요."

예거는 자리에 앉았다. 이번에는 책상 위에 손을 올려놓을

수 없었다. 책상 위에 전화기, 일정표, 노트북 등 물건들이 가득 놓여 있었기 때문이다. 피셔는 양팔을 넓게 벌려 책상 위에 올리고 가구 기술자에게 물었다.

"예거 씨, 이 회사 대표가 누구죠?"

"사장님이시잖아요."

침묵. 피셔는 다시 물었다.

"누가 당신의 상사죠?"

예거는 불안해졌다.

"사장님이시죠, 당연히."

피셔는 예거의 눈을 똑바로 보며 과장해서 천천히 또박또박 말했다.

"그렇다면 이제 내가 당신의 상사로서 업무에 관한 지시를 내리겠어요."

예거는 집중해서 들었다.

"직원들에게 고함치는 걸 당장 그만두세요."

침묵.

"알아들었어요?"

예거는 말없이 고개를 끄덕였다.

"뭐라고요?"

예거는 시선을 깔고 중얼거렸다.

"알아들었어요."

피셔는 계속 그를 빤히 보다가 끝으로 말했다.

"그럼 나가서 일 보세요."

예거는 사무실을 나왔다.

나는 문 앞에서 예거에게 지금 기분이 어떠냐고 물었다.

"글쎄요, 뭐라고 해야 할지…… 정말이지 꼼짝을 못하겠더라고요. 이렇게 할 수 있다고는 미처 생각하지 못했어요."

"피셔에 대해서는 어떻게 생각하세요?"

"존경스러워요. 생각했던 것보다 더 강한 무기를 가졌어요."

"혹시 상처를 받았다거나 개인적으로 모욕을 당한 기분은 안 드나요?"

"아니요, 어차피 상사잖아요. 상사로서 충분히 할 수 있는 일이죠."

가구 기술자는 예상했던 지위 신호를 마침내 받았다. 그리고 상사를 존중하는 마음이 생겼다. 당연히 이런 면담 한 번으로 직원들에게 고함을 치는 이 남자의 오랜 버릇이 바로 고쳐지지는 않을 것이다. 그러나 이제부터는 피셔의 짧은 지시만 있으면 고함치는 걸 바로 멈출 것이다. 상대가 여직원이었다면 피셔의 이런 태도는 상황을 더욱 악화시켰을 터이다. 그러나 가구 기술자는 남자였다. 기술자들 세계가 주로 그렇듯이 이 남자는 직장 생활에서 언어적 소통보다는 물자나 기술 과정에 더 주의를 기울이도록 훈련되었다. 그렇기 때문에 피셔가 처음에 시도했던 언어적 주장은 거의 효과가 없었다. 예거는 앞에 앉은 여자의 지위 태도를 확인한 후에야 비로소 귀담아듣기 시작했다.

가구 기술자, 시건방진 조교, 가식적인 심사위원, 광고기획사 직원, 모두 같은 경우였다. 방어 전략은 아주 간략했고, 그것은 언어적 반응에서든 비언어적 반응에서든 똑같이 효과가 좋았다. 나는 이런 간략한 방어 전략을 '느림의 법칙'이라 부른다.

03
권력의 리타르단도

덩치 큰 동물처럼 여유롭고 당당하게

서두르는 종종걸음, 분주한 행동, 휘젓는 손동작. 남자들과의 소통을 재앙으로 이끄는 요소들이다. 그리고 하나 더. 빠른 말투다. 주변 남자들이 다행히 예의를 지키는 사람들이라면 면전에서 하품을 한다거나 딴짓을 하지는 않을 테지만, 그들의 주의력은 급격히 떨어진다. 원인을 알아내지는 못했으나, 직장에서 그리고 일상생활에서 보고 겪으면서 나는 과한 손동작과 퍼붓듯 쏟아지는 말이 남자들을 얼마나 불편하게 하는지 명확히 알게 되었다. 말이 빠른 사람은 이번 기회에 잘 생각해봐야 할 것이다. 왜 남자 동료들이 자신의 말을 경청하지 않는지.

회사나 조직에서 분주하게 뛰어다니는 사람은 누구인가? 그들의 지위는? 그런 사람들은 기본적으로 지시를 받는 사람이고 그 지시를 가능한 한 빨리 해내기 위해 서두르는 사람들이다. 복도를 정신없이 뛰어다니고 스타카토 박자로 총총거리는 사람은 리더일 리가 없다. 모두가 아는 간단한 권력 상징의 법칙이 있기 때문이다. 권력을 가진 사람은 결코 뛰지 않는다. 바꿔 말하면 뛰는 사람은 권력이 없다.

예전에 목공소에서 일할 때 나이 많은 목공 기술자가 있었는데, 젊은 팀장의 지시를 받을 때 그가 보여준 태도는 내게 깊은 인상을 주었다. 그것이 왜 그리 인상적이었는지 당시에는 몰랐었다. 늙은 목공 기술자는 젊은 팀장에게 복종했다. 어쨌든 공식적으로 상사였으니까. 하지만 그는 늘 침착하게 지시를 들은 후 한참을 신중하게 생각한 후 일을 시작했다. 그것도 아주 천천히. 그의 자연스럽고 당당하고 여유로운 걸음걸이를 본 사람이라면 진짜 권력이 누구에게 있는지 바로 알아차렸을 것이다. 젊은 팀장은 확실히 아니었다.

이런 지위 규칙은 리더 자리에 있는 여자들에게도 똑같이 적용된다. 진정한 리더는 뛰지 않는다. 다른 사람을 뛰게 만든다. 어디서든 적당한 속도를 유지한다. 사실 리더가 달려가서 맞아야 할 사람이 누구란 말인가. 회의장에 너무 늦게 도착했을 때도 마찬가지다. 어떤 경우에도 당황한 표시를 내지 않는다. 무언가를 잊었거나 심지어 완전히 잘못했을 때도 늘 리더의 태도를 잃지 않는다. 쓸데없이 미안한 마음을 내보이지도 않는다.

영국의 여배우 헬렌 미렌은 《더 퀸The Queen》에서 엘리자베스 2세를 연기하여 오스카상을 받았다. 이 영화를 자세히 살펴볼 필요가 있는데, 영국 왕가의 극적인 스토리 때문이 아닌 오로지 여자 주인공의 몸짓 언어 때문이다.

여왕은 서두르지 않는다. 총리를 맞을 때도, 지저분한 장화와 젖은 우비 차림으로 헛간으로 몸을 피할 때도 그녀는 결코 서두르지 않는다. 그래서 그녀가 등장하면 자동으로 공간이 바뀌는 것처럼 느껴진다. 누가 등장했는지 모두가 즉시 안다. 그녀는 말을 할 때도 권력의 리타르단도ritardando(점점 느리게)를 유지한다. 범접할 수 없는 냉정하고 형식적이고 신중한 어휘 선택. 전화 통화에서도 전화를 건 누군가가 아니라 오로지 그녀가 원할 때 통화는 끝난다.

스티븐 프리어스 감독은 새로 선출된 토니 블레어 총리가 처음으로 여왕을 예방하는 장면에서 태도, 권력 상징 그리고 속도를 인상 깊게 보여준다.

블레어가 아내와 함께 궁으로 들어선다. 여왕의 영접실로 가기 위해 빨간 카펫이 깔린 대리석 계단을 오르는 동안 궁정 집사는 총리에게 여왕 앞에서 주의해야 할 예절을 설명한다. 노크를 한 다음 안으로 들어가서 짧게 허리를 숙여 절을 하고, 잠시 문에 서서 기다리다가 여왕의 지시가 있으면 가까이 가야 한다, 여왕에게 등을 보여서는 안 된다 등을.

블레어의 아내는 영접실 앞 복도에 앉아 이 모든 것이 그저 우습다고 느낀다. 그러나 블레어 총리는 아주 진지하다. 그는 정확히 궁정 예절을 지킨다. 그가 안으로 들어섰을 때, 여왕은 5~6미터 떨어진 곳에 꼿꼿이 서 있다. 그가 살짝 허리를 숙인 후에야 (그것으로 누가 윗사람인지 명확해졌다) 그녀는 살짝 미소를 띠고 아주 살짝만 앞으로 이동한 후 그를 향해 손을 뻗는다. 블레어는 서둘러 몇 미터를 달려와 그녀의 손을 잡는다. 여왕은 바로 손을 놓고 미소를 지으며 스몰토크를 시작한다.

"아이가 있나요, 블레어 씨?"

마치 모르고 있었던 것처럼 묻는다. 그런 다음 곧장 몸을 돌려 그에게 등을 보인 채로 계속해서 말하며 걸음을 옮긴다. 여왕은 자신의 오만함으로 당연히 블레어가 뒤따라 올 것이라 확신한다. 물론 그는 서둘러 정확히 그렇게 할 수밖에 없다. 여왕은 넓은 소파에 먼저 앉은 뒤 작은 의자를 가리키며 그에게 앉으라고 권한다. 그리고 질문을 던진다.

"핵전쟁을 시작하는 방법에 대해 우리가(!) 벌써 알려주었던가요?"

이쯤 되자 총리의 미소가 약간 억지처럼 보인다.

영화의 이 장면은 남녀의 권력 신호에 관한 교과서와 같다. 블레어 부부의 대조된 태도가 더욱 완벽한 교과서를 만든다. 블레어의 아내는 여왕의 오만한 태도에 거부감을 보이는 반면, 블레어는 확실히 여왕의 태도에 감탄하고 부응한다. 블레어가 자동차에서 내릴 때부터 그가 궁전을 나갈 때까지, 화면에서 바쁘게 움직이는 사람은 단 두 명뿐이다. 블레어 부부. 그리고 늘 권위적인 자세와 느린 움직임을 보인 사람은 여왕이다. 느림의 중요성은 의심할 여지가 없다. 느림은 살과 피처럼 그녀의 일부가 되었다.

기업에서 리더 자리에 있으면서 견습생처럼 행동하는 여자들은 직원들 사이에 권위가 서지 않더라도 놀랄 필요 없다. 서두름은 기본적으로 봉사하는 자세를 표현한다. 서두르는 사람들은 스텐 나돌니Sten Nadolny가 《느림의 발견Die Entdeckung der Langsamkeit》에서 말한 '시간난쟁이'가 되어 스스로 권위를 묻어버린다.

빠르게 움직이고 말하는 것에 오랫동안 익숙했던 여자들

은 느려지는 노력을 시작할 때 일반적으로 우스꽝스럽거나 과장하는 기분이 든다. 그들이 속도를 극단적으로 낮췄다고 말할 때조차 남자들의 입장에서는 여전히 빠르다. 느림을 연습하는 여자가 이제 말과 행동이 슬로모션처럼 거의 괴상하게 느껴진다고 할 때 비로소 '적당한' 속도인 경우가 많다.

신경생물학자 요아힘 바우어 Joachim Bauer는 여러 해 동안 교사들의 수업 방식을 연구했다. 바우어 역시 교사의 말이 빠를수록 수업 내용이 일부분만 전달되는 걸 확인했다. 결론적으로, 그가 권하는 교사의 적당한 태도와 속도는 엘리자베스 2세의 그것과 같았다. 교실에서 교사는 '큰 동물'처럼 여유롭고 당당하게 움직여야 한다. 회사에서도 마찬가지다. 그렇지 않은 사람은 견습생이다.

시간을 지배하라

한 대기업의 작은 계열사 대표로 있을 때, 나는 늘 자매회사와의 시너지 효과를 추구했다. 동등한 입장에서 협력만 잘 하면 양쪽 모두가 시간과 비용을 줄일 수 있었다. 이런 목적으로 나는 한 자매회사 대표와 약속을 잡았고 그의 사무실로 찾아갔다.

약속된 시간에 도착하자, 비서가 내게 사장님이 중요한 고객과 전화 통화 중이니 잠시만 기다리라고 전했다. 충분히 있을 수 있는 일이었으므로 나는 문 앞 통로에 앉아 기다렸다. 10분쯤 지나자 나는 초조해졌다. '내가 밖에서 기다리고 있다는 걸 분명 알 텐데, 무슨 일일까? 문제라도 생긴 걸까? 그랬다면 먼저 내게 알렸을 텐데.'

5분을 더 기다린 후 나는 자리에서 일어나 외투를 입고 비서실로 들어갔다. 외투를 입은 나를 본 비서는 당황했다.

"금방 나오실 거예요!"

나는 다른 약속이 있어서 그만 가봐야 하니, 기다리다 갔다고 나중에 사장한테 전해달라고 말했다. 비서는 사장실을 노크하고 들어갔고 열린 문틈으로 통화하는 소리가 들렸다. 두 사람 사이에 짧은 소곤거림이 오갔고 비서가 나와 그의 말을 전했다.

"금방 끝나신대요."

그 사이 5분이 더 지나 원래 약속 시간에서 20분이 지났다. 나는 웃으면서 비서에게 전했다. 나도 시간이 그리 많지 않다고, 사장한테 인사 전해달라고. 그리고 거기서 나왔다. 나는 속으로 무척 화가 났다. 그것은 명확한 대결이었다. 누구도 상대방의 상사가 아닌 똑같은 지위를 가진 두 남자가 마주한 대결. 그러나 그는 자기가 나보다 위라는 지위 신호를 보내려 했다. 동등한 위치에 있는 사람으로 존중한다면 그렇게 오랫동안 기다리게 할 수가 없다. 그는 시간을 무기로 쓰려 했다.

이 일화는 속도와 그것의 권력 의미보다는 상대방의 시간에 대한 재량권을 보여준다. 직원은 상사를 기다리게 할 수 있다. 그러나 반드시 그 이유를 알려야 한다. 사업 파트너면 반드시 그래야 하는 건 아니다. 만일 내가 그와 똑같이 대결에 임했다면, 우리의 사업 관계는 처음부터 잘못되었을 것이다. 그러나 그렇게 되지 않았다. 비록 그가 비서를 통해 전화로 사과의 뜻을 전하고 새로운 약속을 제안했지만 내 스케줄과 맞지 않았다. 결과는 시너지 효과 제로였다.

몇 달이 지나고 나는 그 회사에 다니다 직장을 옮긴 한 직원을 만났다. 그의 예전 사장은 계산된 약속 어기기 전략을 자주 썼다고 한다. 그런데 그의 전략에 넘어가지 않은 사람은 나뿐이었고, 그래서 내가 그냥 돌아간 후에 그 사장은 온종일 내 이야기를 했다고 한다. 정말 대단한 사람이라고. 나는 기분이 상당히 좋았다.

한때 여비서로 일했던 작가가 사장과 겪었던 경험을 적은 《그리고 내일 그를 죽이리라 Und morgen bringe ich ihn um!》에는 '기다리기 대결'에서 쓰이는 질문이 정리되어 있다.

- 가서 데려올 것인가, 혼자 오게 할 것인가
- 약속 시간에 정확히 갈 것인가, 기다리게 할 것인가
- 기다리게 한다면 얼마나 기다리게 할 것인가
- 오래 기다려야 한다면 무엇을 대접해야 할까. 커피와 과자 아니면 커피만?
- 핑계를 대고 비서를 대신 보낼 것인가
- 그렇다면 언제가 좋을 것인가

아주 불쌍한 상대는 겨우 물 한 잔 얻어 마시고 대화 대신에 약속이 3주 후로 밀린다. 반면 중요한 상대는 에스프레소 두 잔에 나중에는 코냑도 약간 얻는다. 오늘도 여전히.

꼼꼼함을 발휘하여 일일이 이런 상황을 연출하지 않아도, 우리는 매일 다양한 상황에서 이런 일을 겪는다. 그러나 소위 감독의 입장에서 보면 모두가 맡은 역할을 잘 소화해야만 이 작품은 완성될 수 있다. 같은 지위에 있는 누군가와 라이벌로 대결하는 것이 두렵다면 결코 그 역할을 맡으면 안 된다. 자기 시간에 대한 재량권을 너무 쉽게 내주는 사람은 패배할 수밖에 없다.

제7장
다른 종족의 무대

라이벌, 배우,
억압자

01

가벼운 충돌에서 싹트는 동료애

소소한 라이벌 대결이 주는 편안함

 남자라면 어린 시절에 한 번쯤 겪었을 아픈 경험이 있다. 그것은 남자들이 무리 속에서 어떻게 느끼고 행동하는지를 잘 보여준다. 학교가 끝나면 남자아이들은 공놀이를 하기 위해 어딘가에 모이고 편을 가른다. 두 사람이 교대로 한 명씩 자기편 선수를 고른다. 그리고 마지막까지 선택을 못 받는 아이가 있기 마련이다. 이 얼마나 끔찍한 기분이란 말인가. 창피하고 괴롭다.

 조직 생활 면에서 볼 때 이것은 매우 값진 경험이다. 공놀이를 하려는 남자아이들에게 팀의 주장이 되는 건 크게 중요하지 않다. 팀에서 자기 역할이 있느냐가 가장 중요하다. 무리에서 서열이 가장 낮은 것 역시 문제가 안 된다. 자기 자리가 없는 것이 가장 큰 문제다. 이런 맥락에서 남자들은 직장에서도 서열이 정해지고 영역과 담당이 확정되면 마음이 편해진다. 정식으로 리더가 정해지지 않거나 자신의 정치적 의미가 무시되면 사태는 심각해진다. 불만이 생기고 방향을 잃고 스트레스를 받는다. 이렇듯 남자들은 무리 속에서 자신이 차지하는 서열을 알아야 편해지기 때문에, 매일 매 순간 라이벌 대결에 몰두한다.

형제가 많은 가정에서 자란 사람이라면 이 이야기를 금방 알아들었을 것이다. 라이벌 대결은 아침에 눈 뜨자마자 바로 시작된다.

"저리 비켜, 세수 좀 하게!"

"비누 있냐?"

"내 시계 못 봤냐? 어젯밤에 여기 놔뒀는데. 네가 가져갔지, 멍청아?"

작은 충돌, 짧은 말다툼의 연속. 그리고 다시 부엌 혹은 식탁으로 무대가 바뀐다.

"버터 좀 이쪽으로 줘!"

"직접 가져가시지!"

"신문 얼른 읽고 줘."

"읽어도 모르잖아!"

지나치면서 슬쩍 등을 밀치고, 물 마실 때 컵을 건드리고, 티격태격. 무대가 바뀌어서 현관.

"내 점퍼 네가 가져갔지?"

"그냥 다른 거 입어, 루저야!"

그리고 그렇게 대결은 학교 가는 길, 교실 앞 복도, 교실에서 장난처럼 계속된다. 그것이 그대로 회사 건물로 옮겨진다. 세월과 함께 어휘 선택이 약간 윤색되었을 뿐 핵심적인 대결 분위기는 그대로다.

마케팅 부서의 신사들도 회의에 앞서 기분 좋게 농담하며 서로 놀리고 조롱한다.

"오늘도 어제처럼 얼굴이 팍 삭았군. 대체 얼굴 좋아질 날은 언제야?"

"그쪽 안 만나는 날이 그날이지."

인정의 미소. 어깨 토닥이기.

판매부 직원은 일부러 영업사원에게 복사기를 내주지 않는다.

"아직 멀었어요."

그리고 넓은 등을 돌려 같은 계산서를 200부씩 복사한다. 영업사원은 이 메시지를 즉시 알아차리고 물러나면서 의미심장하게 한마디를 남긴다.

"괜히 너무 무리하진 마세요!"

이런 대화 속에 우정이 싹튼다.

견습생 A가 견습생 B를 밀치며 말한다.

"어떻게 하는지 아는 사람에게 이제 그만 작업대를 양보하시지."

견습생 B는 견습생 A를 다시 밀치며 대꾸한다.

"돌팔이는 맨 끝으로 가시는 게 어때?"

그리고 이사진들 사이에서도 말과 상징만 다를 뿐 똑같은 대결을 목격할 수 있다. 아주 평범한 하루를 보낸 남자라면, 그는 소소한 라이벌 대결을 적어도 백 번은 치렀다. 그리고 기본적으로 그런 대결 덕분에 마음이 편안하다.

공격이 아닌 일종의 경기일 뿐

시사주간지 《차이트Zeit》의 편집장인 조반니 디 로렌초Giovanni di Lorenzo를 만난 적이 있는데, 그는 지위 대결의 거장인 헬무트 슈미트 전 총리와 치렀던 대결을 아주 실감 나게 들려주었다. 두 남자는 만나자마자 대결 의식을 시작했다.

조반니: 우리는 단 두 명뿐이었어요. 그런데 총리는 들어오자마자 둘 중 누가 더 중요한 사람이냐고 묻더군요. 자신이 한쪽 귀는 전혀 안 들리고 다른 한쪽 귀는 20퍼센트 정도만 들리니 들리는 쪽에 중요한 사람이 앉으라고 하더군요.

나: 그래서 어느 쪽에 앉았죠?

조반니: 잊어버렸어요. 하지만 놀라웠던 건 성실하고 철저한 준비로 유명했던 내 동료가 질문을 하면 총리는 매번 지적을 했어요. 대략 세 가지 정도의 지적이 번갈아 나왔죠. '질문이 잘못됐네' '질문을 이해할 수가 없군' '그 질문에는 세 가지 오류가 포함되어 있네' 같은 지적이었죠. 그럼에도 인터뷰는 아주 잘 끝났고 모두가 만족했습니다.

자신감 넘치는 한 남자가 처음부터 노골적으로 서열 정리를 요구했다. 그리고 거기에는 적당한 오만함이 곁들여졌다. 총리는 거침없이 둘 중 누가 더 중요한 사람이냐고 물었고, 처음 만나는 사람에게 양해도 구하지 않고 반말을 썼으며, 한쪽 귀가 전혀 안 들린다며 둘 중 한 명에게 그쪽에 앉으라는 무례한 요구를 했다. 누가 높은 지위에 있는지 이보다 더 정확하게 드러낼 수는 없으리라. 그러나 그것은 두 지식인에게 결코 모욕이 아니었다. 그래서 권위 있는 《차이트》의 편집장도 기꺼이 이 의식에 동참했다. 이들은 상대방의 지위 신호를 논리적 주장(하이토크)이 아닌 더 효과적인 스몰토크로 대했다. 그리고 아주 솔직하게 대화를 이어갔다. 상대방에 의해 지위가 낮아진 두 지성인은 그의 계속된 지적과 반문을 어깃장이나 해코지로 받아들이지 않았다. 인터뷰가 잘 끝났고 모두가 만족했다고 회상하는 것은 당연해 보인다. 이 세 남자는 어렸을 때부터 이런 태도에 익숙했던 것이다.

남자들에게 이런 대결은 전혀 이상하지 않다. 당연한 하루 일과에 속한다. 심각한 충돌만 아니면 대부분의 남자는 이런 대결을 즐긴다. 그들은 대결을 통해 자존감을 얻고 무리 속에서 자기주장을 관철시킨 것에 행복을 느끼기도 한다. 이것은 당연한 일과인 것을 넘어 반드시 필요한 의식이다. 이런 대결이 없으면 남자들은 무언가 부족한 듯 아쉬워한다.

여자들에게 라이벌 대결은 대단히 힘든 일이다. 내 의뢰인 중에 실제로 이런 대결을 직접 치른 사람이 있었는데, 그녀는 남자 동료에게 전혀 뒤지지 않았다며 무척 자랑스러워했다. 그리고 도대체 이런 대결이 언제나 끝나겠냐고 물었다. 무슨 일이든 끝은 있기 마련 아니냐면서. 언젠가는 순수하게 내용 중심으로 토론할 수 있는 수준에 도달하지 않겠냐며. 많은 여자들이 이런 생각을 갖고 있을 테고, 어서 빨리 그런 수준에 도달하기를 바랄 것이다. 그러나 다음의 그림처럼 라이벌 대결을 바라보는 남녀의 관점은 완전히 다르다.

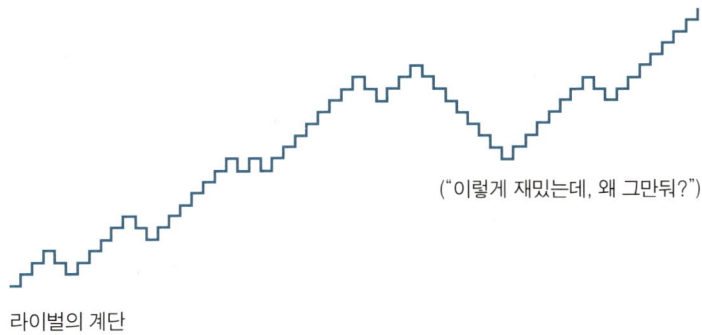

〈남자들과 벌이는 소소한 라이벌 대결 - 남자들의 관점〉

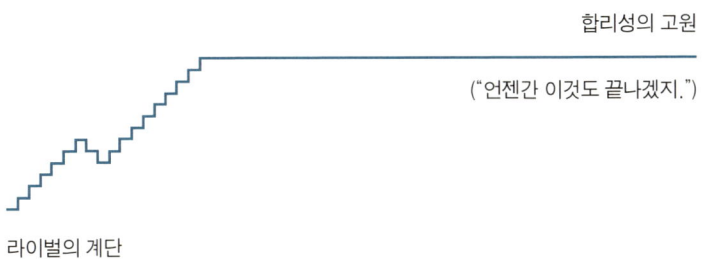

〈남자들과 벌이는 소소한 라이벌 대결 - 여자들의 관점〉

이렇게 재밌는데, 왜 대결을 그만둔단 말인가. 시간이 많을 땐 집중적으로, 시간이 없을 땐 간간이 할 수도 있지만, 완전히 그만두는 건 남자들에게 불가능에 가깝다. 그리고 여자들은 잊지 말아야 할 게 있다. 이런 대결은 스포츠와 같다는 것을. 그냥 경기일 뿐이다. 남자들과의 라이벌 대결을 여자들이 힘들어하는 것은 대개 이 사실을 잊기 때문이다. 여자들은 이것을 경기가 아닌 개인에 대한 공격으로 이해하고 감정적으로 받아들인다. 의뢰인으로부터 자주 듣는 내용인데, 그들은 사소한 라이벌 대결에서 인신공격을 당하는 기분이 들고 며칠이 지나야 그 동료와 다시 말할 용기가 생긴다고 한다.

대개의 경우 남자들은 무슨 일이 벌어졌는지 모른다. 또한 악의 없이 무심코 한 말과 행동일 경우도 많다. 이때도 남자들은 그들 앞에 선 사람이 남자가 아니라 여자라는 걸 인식하지 못한다. 결국 다시 언어 차이가 문제다.

힐데가르트 함브뤼허 Hildegard Hamm-Brücher는 옛날 비서관 시절에 겪었던 이야기를 통해, 라이벌 대결이 심지어 정부의 공식 석상에서도 벌어진다는 걸 알려준다.

"내가 모시던 장관은 여행을 많이 다녔기 때문에 국회에 대신 참석하는 일이 잦았어요. 나는 늘 총리 옆에 앉았죠. 슈미트 총리는 나름의 방식으로 나를 위협하려 몇 번 시도했고, 그럴 때마다 나는 상냥하되 단호하게 저항했어요. 그 후로 총리는 나를 존중하더군요……. 슈미트 총리는 여자에게 가산점을 주지 않았어요. 오히려 감점 요인이었죠. 하지만 무례를 범하지 않고 여자로서 아양을 떨지 않으면 금방 좋은 관계를 맺을 수 있어요."

남자 동료, 남자 상사, 남자 고객과 일하는 직장 여성은 당연히 라이벌 대결에 직면한다. 그렇기 때문에 이런 대결을 잘 알아야 하고 노련하게 대처할 수 있어야 한다. 힐데가르트 함브뤼허처럼. 그리고 성급하게 개인에 대한 공격으로 받아들이지 말아야 한다.

02
관객을 의식하는 남자

관객 앞에서 남자는 격렬하게 저항한다

단둘의 대결이냐 지켜보는 관객이 있느냐는 남자들에게 하늘과 땅 차이다. 관객이 단 한 명이어도 상황은 완전히 바뀐다. 이 책에서 소개하는 오만의 전략은 단둘의 대결뿐 아니라 관객이 있을 때의 대결에도 효과가 있다. 그러나 일반적으로 관객이 있을 때 상대 남자의 저항이 명확히 강해진다는 걸 염두에 둬야 한다. 한편으로는 처음부터 관객 앞에서 대결하는 것이 여자들에게도 좋을 수 있다. 그러면 그 자리에 있던 남자들은 대결 당사자와 똑같은 메시지를 받고 그것을 널리 퍼트리고 결과적으로 추가적인 논쟁을 피할 수 있기 때문이다. 그러나 다른 한편으로, 관객 앞에서 남자와 대결할 때는 기본적으로 더 많은 노력과 에너지가 필요할 것임을 미리 예상해야 한다.

대결 당사자 바로 곁에 있는 사람뿐 아니라, 소리가 들리지 않을 만큼 멀리 떨어져 있는 사람도 관객에 포함된다. 보는 것만으로도 충분하다. 남자들에게는 들리는 것보다 오히려 보이는 것이 더 의미가 크다. '조심해. 다들 보고 있잖아. 내 행동 하나하나가 고스란히 전달된다고!' 여자들은 논쟁의 내용을 들을 수 있느냐만 고려하기 때문에 종종 이런 상황을 대수롭지 않게 여긴다. 그러나 남자들은 보인다는 이유만으로도 그들의 대결이 녹화되고 중계된다고 느낀다. 그러면 그들은 훨씬 극단적인 방법으로 지위 신호를 보낸다.

비간트는 전자공학을 전공했고, 스물네 살에 중장비 생산 기업에서 우수한 성적으로 실습 학기를 마쳤다. 소개할 일화는 실습 학기 중에 있었던 일이다. 사장은 그녀를 높이 평가했고 그래서 며칠 자리를 비우면서 그녀에게 총책임을 맡겼다. 당연히 비간트는 이런 신뢰에 기분이 좋았다. 그런데 어느 날 야간 근무 중 너무 많은 불량품이 나왔다. 이 일로 회사에 큰 피해는 없었지만, 생산 공정에서 어떤 실수가 있었는지 가능한 한 빨리 알아내야 했다. 사장이 없었으므로 총 책임을 맡은 그녀가 나서야 했다. 다음 날 아침, 진상 규명을 위해 책임 기술자들이 한자리에 모였다.

8시 정각, 비간트는 떨리는 마음으로 회의실 문을 열었다. 책임 기술자들 중 절반 정도가 참석했는데, 몇몇은 그녀가 개인적으로 아는 사람이었고 나머지는 전혀 모르는 사람들이었다. 그리고 그들 대부분이 그녀에게 반말을 했다. 모두가 남자였고 그녀보다 나이가 많았으며 기술로 먹고사는 사람들이었다. 그들 중 토마스는 그녀와 가장 친하고 잘 통하는 사람이었다.

올 것이 오고야 말았다. 비간트는 뼈까지 떨리는 기분이었다. 그녀는 회의를 진행할 수가 없었다. 모두가 뒤죽박죽으로 이야기했다. 게다가 그녀가 속으로 지원을 기대했던 토마스가 갑자기 그녀를 처음 보는 사람처럼 존댓말을 쓰기 시작했다. 그녀는 용기를 내어 누구의 잘못인지 물었다. 그러자 여기저기서 한꺼번에 소리쳤다. 모두가 자기 탓이 아니라고 말했다.

"○○부서가 또 실수를 한 거야. 우리는 잘못한 게 없어."

시끄러운 소란 중에 한 기술자가 큰 소리로 비간트에게 물었다.

"도대체 여긴 왜 온 거지?"

마침내 회의실에서 빠져나올 수 있게 되어 비간트는 너무나 기뻤다.

지위 신호에 소홀하지 말라

그녀는 자신이 무엇을 잘못했는지 알 수가 없었다. 누군가는 지휘를 맡아야 했고 임시로 총책임을 맡은 그녀가 뛰어드는 게 당연했다. 사장이 바랐던 것이 바로 그것이었다. 그녀는 권력에 굶주린 여자가 아니다. 다른 사람에게 명령하는 걸 멋지다고 생각하는 사람이 아니다. 그녀는 그저 문제를 해결하고 싶었다. 기술자들은 어째서 그것을 이해하지 못할까?

비간트가 처음부터 놓친 것이 있었는데, 그녀가 여전히 회사에서 외부 사람으로 통한다는 사실이다. 그녀는 겨우 몇 달 이곳에 있었고, 직원이 아니라 공부하는 사람이었으며, 무슨 이유인지 알 수 없지만 어쨌든 사장에게 인정받는 사람일 뿐이다. "도대체 여긴 왜 온 거지?"라는 질문에 그 모든 것이 내포되어 있었다. 그러므로 비간트는 시작부터 급하게 구체적인 질문을 할 것이 아니라 자신의 존재를 드러내는 지위 신호부터 보냈어야 했다. 그리고 또한 다른 사람들의 많은 경험과 오랜 회사 생활을 존중했어야 했다. 총책임자는 즉시 구체적인 내용을 다뤄도 되지만 잠시 머무는 외부 사람은 안 된다. 그러나 비간트의 결정적인 실수는 지위 신호에 소홀했던 게 아니다. 우리가 여러 스파링파트너와 함께 이 장면을 재현했을 때, 문제의 핵심이 바로 드러났다. 기술자 여럿이 한 공간에 모이자 이상한 역동이 생겼다. 남자들은 확실히 관객을 의식했다.

이때 토마스가 핵심 구실을 했다. 그는 비간트의 전문적인 능력을 가장 잘 알았고 또한 사장이 그녀를 높이 평가하는 이유도 잘 알았다. 그러나 다른 동료들이 같은 공간에 있자 마치 비간트가 그 자리에 없는 것처럼 행동했다. 나는 토마스(스파링파트너)에게 자신의 태도를 스스로 어떻게 평가하는지 물었다. 그는 바로 대답했다.

"그녀는 이곳을 떠날 사람이지만, 나는 이곳에 남아 앞으로도 계속 동료들과 잘 지내야 하는 사람이잖아요."

나는 비간트의 의견에 내용 면에서 동의하는지도 물었다.

"완전히요."

그렇다면 어째서 그녀를 그렇게 겉돌게 두었을까?

"그녀의 말이 맞긴 했지만 그냥 동의해줄 수가 없었어요."

탁자에 둘러앉은 다른 남자들도 이 말에 고개를 끄덕였다. 만약 비간트가 기술자들을 한 명씩 개별로 만났더라면 결과는 완전히 달랐을 것이다. 그러나 그러기에는 상황이 너무 급박했다. 어떻게 하는 것이 가장 효과적일까?

　나는 먼저 탁자에 둘러앉은 남자들과 곰곰이 생각했다. 누가 회의를 이끄는 것이 가장 바람직할까? 모두가 토마스를 보았다. 비간트는 약간 의기소침하여 고개를 떨어뜨렸다. 우리는 다음과 같은 해결책을 고안했다.

　비간트가 회의 전에 먼저 토마스를 만나 불량품 생산에 대한 그의 의견을 묻고 토마스는 그의 생각을 말했다. 그런 다음 그녀는 다른 기술자들과 이 문제를 어떻게 풀어갈지 설명하고 다시 토마스의 의견을 물었다. 토마스는 머뭇거렸다. 비간트는 머뭇거리는 까닭을 재차 물어야 했다. 토마스는 회의를 이끄는 것이 몹시 두렵다고 털어놓았다. 토마스와 비간트는 회의에서 누가 어떤 역할을 맡을지 구체적으로 계획을 짰다. 시나리오가 완성되었고 그것으로 회의 준비가 끝났다. 재현이 끝나고 두 사람에게 의견을 묻자 훨씬 침착하게 대화를 나눌 수 있었다고 대답했다. 왜 그럴까?

　비간트가 토마스와 단둘이 만남으로써 그의 전문 능력을 존중했기 때문이다. 그에게 일일이 의견을 물음으로써 그의 지식과 지위를 인정했다. 그리고 바로 그것이 그와 그녀를 진짜 동맹 관계로 묶어주었다. 이제 그는 정말로 그녀의 편이 되었다. 그동안 아무리 서로 반말을 하며 친하게 지냈더라도 충분한 신뢰를 다지지는 못했었다.

마지막 재현에 들어갔다. 완전히 다른 대화가 진행되었다.

비간트는 가장 먼저 총책임을 위임받은 자신의 지위를 소개했다.

"사장님이 자리를 비우면서 내게 총책임을 맡기셨습니다."

그리고 탁자에 둘러앉은 사람들의 전문 능력을 추켜세웠다. 미리 약속한 대로 토마스가 손을 들고 핵심 내용을 언급했다.

"누가 어디서 실수를 했는지 먼저 알아내야 합니다."

이제부터 전혀 다른 양상의 논쟁이 이어졌다. 비간트는 훨씬 쉽게 구체적인 내용을 다룰 수 있었고, 제대로 사회자 역할을 할 수 있었다. 그전에는 불가능했던 일들이 이번에는 착착 진행되었다. 그녀는 지시를 전달했고, 사람들은 그것을 따랐다. 회의가 끝났을 때, 토마스는 자리에서 일어서며 땀범벅이 된 비간트에게 눈을 찡긋해 보였다.

재현이 끝나고 토마스는 대만족을 표했다. 흥미롭게도 그가 회의에서 만족한 까닭은 그날 밤의 불량품 생산 원인이 밝혀져서가 아니라 다른 사람들로부터 받은 인정 때문이었다. 비간트 역시 마음이 편해졌지만 약간 당혹스럽기도 했다. 그녀는 지금까지 월등한 학교 성적, 지적 수준, 분석 능력을 기반으로 자신감이 넘쳤었다. 그런데 그녀가 전혀 몰랐던 새로운 요소에 뒤통수를 맞은 기분이었다. 내용 요소는 사회 요소보다 아래에 있었다. 사회 요소가 있어야 비로소 내용 요소가 제대로 인정받을 수 있는 것이다.

사실 이 사건에서 가장 비난받을 사람은 그 자리에 없었던 사장이다. 사장은 여자가 남자 기술자들 사이에서 전문 능력을 인정받기가 얼마나 어려운지 알았어야 했다. 게다가 실습생 신분으로 잠시 회사에 머무는 여자에게 총책임을 맡기다니, 그것은 애초에 무리한 요구였다.

다양한 시도 끝에 나름 성공적으로 재현을 끝냈지만, 비간트는 기분이 마냥 좋지만은 않았다. 뭔가 찜찜하고 우울한 기분이 들었다. 짧은 후속 대화에서 그 까닭이 밝혀졌다. 상처받은 자긍심 탓이었다.

"나는 기술자들의 능력을 인정해야 하고, 그들은 나의 능력을 인정하지 않아도 된단 말인가요?"

그녀는 모욕감마저 들었다고 했다.

"다른 사람들이 나보다 얼마나 오래 이 회사에 다녔느냐와 상관없이, 어쨌든 나는 내 지식으로 회사에 많은 공헌을 했단 말입니다!"

기본적으로 그녀의 말이 맞다. 그러나 이 문제는 단지 여자라서가 아니다. 높은 잠재력을 가진 남자였더라도 똑같은 문제를 겪었을 터이다. 모든 공식적인 위임장으로 무장한 사람이라도(엄격히 따지만 비간트는 공식적인 위임장도 없었다) 첫 주에는 경험이 많고 오래 근무한 직원들을 존중하는 데 신경 써야 한다. 빨리빨리 진행하고 싶은 자신의 야망과 맞지 않더라도 그냥 견뎌야 한다. 조직에서 벌이는 지위 대결 또한 교육 과정에 속한다. 훌륭한 리더는 그것을 알고 직원들에게 그것을 가르친다.

03
공명정대하지 않은 대결

반칙을 걸어오는 남자 상사에게

직장에서 여자들을 대하는 남자들의 태도가 공명정대한 대결과 거리가 먼 경우도 있다. 이것은 기본적으로 있어서는 안 되는 반칙이다.

생화학자 잔티카는 다국적 제약회사에서 2년 전부터 팀장으로 일하고 있다. 최고의 교육을 받은 단정한 외모의 활기찬 여자로 아이가 둘 있는 기혼자였다. 상담 내용으로 짐작하건대 그녀는 팀장으로서 맡은 책임을 훌륭히 잘 해내고 있었다. 그녀의 회사에는 멘토 제도가 있다. 멘토는 기본적으로 나이와 경험이 더 많은 직원이 맡는다. 멘토는 안내자와 코치로서 모든 문제에서 도움을 주어야 한다.

잔티카의 멘토는 예순 살쯤 된 글라저 박사였다. 그런데 바로 그 멘토가 문제였다.

그녀는 늘 그와 함께 국제회의에 참석했는데, 얼마 전 있었던 국제회의 저녁 만찬에서 곤혹스러운 일이 벌어졌다. 그녀가 막 음식을 접시에 담으려 하는데 등 뒤에서 큰 헛기침 소리가 들렸다. 뒤로 돌아서니 그녀의 멘토가 거기 서 있었다. 글라저는 확실히 살짝 취해 있었고 넥타이가 느슨하게 풀어져 있었으며 얼굴은 땀으로 번들거렸다. 그는 심하다 싶을 만큼 그녀 곁에 바짝 다가서서는 회의 순서에 관한 이런저런 질문을 했다. 잔티카는 단답형으로 아주 짧게 대답했다. 글라저는 갑자기 잔티카의 목걸이 장식을 쥐고 이리저리 살펴보며 거의 알아들을 수 없는 목소리로 뭔가 찬사를 웅얼거렸다.

잔티카는 접시를 든 채 어색하게 미소를 지으며 똑같이 목걸이에 대해 몇 마디를 건넸고 다른 참석자들 쪽으로 슬쩍 몸을 돌렸다. 글라저는 그제야 목걸이를 놓고 샴페인 잔을 새로 채워 다른 쪽으로 사라졌다.

그도 그녀도 이 일에 대해 다시는 거론하지 않았다. 그러나 잔티카는 기분이 나빴고, 자신이 다르게 대응했어야 했는지 곱씹게 됐다.

스파링파트너와 상황을 재현했다. 잔티카는 헛기침 소리를 듣고 바로 돌아섰다. 이것은 정중할지는 몰라도 적합한 대응은 아니다. 누군가 헛기침으로 "이봐! 돌아서서 나 좀 봐!"라는 신호를 보냈다고 해서 꼭 이 신호에 반응해야 하는 건 아니다. 설령 돌아설 맘이 생겼더라도 충분히 시간을 갖고 천천히 돌아서는 것이 좋다. 누군가에게 말을 걸기 위해 뒤에서 일부러 크게 헛기침을 하는 것이 과연 정중한 태도일까? 당연히 아니다. 그러므로 잔티카가 헛기침을 무시해도 상관없었다. 그러나 그녀는 그렇게 하지 않았다. 그녀는 돌아서자마자 두 가지를 알아차렸다. 첫째, 누군가와 공간적으로 너무 가까이 서 있다. 둘째, 그 사람은 살짝 취했다. 적어도 이쯤 되면 그녀는 언어적 대응이, 즉 하이토크 단계가 소용없다는 걸 명확히 알았을 터이다.

당장 필요하고 중요한 반응은(잔티카는 재현 중에 알아냈다) 손을 자유롭게 하는 것이다. 그녀는 먼저 접시를 내려놓았다. 그녀를 가장 곤혹스럽게 하는 것은 다른 사람들이 지켜보고 있다는 사실이었다. 이것은 그녀와 그녀의 멘토 모두에게 창피한 일이었다. 아버지뻘의 멘토가 보여준 당시의 표정이 여러 주 후에도 자꾸 떠올랐다. 글라저는 본능적으로, 사람들의 눈을 의식하는 잔티카의 두려움('자연스럽게 행동하자. 안 그러면 모두가 쳐다볼 거야!')을 악용했다.

잔티카가 고심 끝에 내놓은 반응은 이랬다.

1단계: 접시를 내려놓는다.

2단계: 큰 체구 앞에서 당당해진다.

3단계: 어깨 넓이 정도의 적당한 공간을 확보한다. 거칠게 밀치는 것이 아니라 천천히 밀어서. 이때 양손을 써도 괜찮다. 다만 갑자기 밀치는 것이 아니라 과감하고 명확한 동작으로 해야 한다.

4단계: 큰 소리로 말한다. "공간을 약간 두는 것이 두 사람 모두에게 편하겠는데요." 혹은 "이 정도 거리가 적당하겠네요."

비록 완전히 흡족하진 않았지만, 적어도 잔티카는 글라저(스파링파트너)를 저지했다고 느꼈다. 그러나 상대방은 아무렇지도 않았다. 잔티카는 그저 다음과 같은 신호를 보냈을 뿐이다. '당신 때문에 여기서 공개적으로 창피를 당하고 싶지 않다. 당신이 지금 무슨 추태를 부리는지 여기 모인 모두에게 알릴 셈인가?'

오만함의 도구를 꺼내라

새로운 시도에서 우리는 잔티카의 문제점을 발견했다. 그녀는 여전히 너무 천천히 사태를 파악했다. 글라저는 벌써 그녀의 목걸이를 손에 쥐고 있다. 그럼 어떻게 해야 할까?

글라저가 계속 느긋했던 여러 번의 시도 끝에 잔티카는 마침내 다음과 같이 반응했다. 글라저가 목걸이를 잡고 이런저런 이야기를 늘어놓을 때, 그녀는 천천히 오른팔을 그의 얼굴 높이까지 들어 그의 턱을 세게 잡고 다른 사람들이 들을 수 있게 크고 명확한 목소리로 말했다. 물론 미소를 지으면서.

"외간 여자의 목걸이를 함부로 잡으면 안 돼죠. 그렇게 생각지 않으세요?"

주위가 일순간 쥐 죽은 듯 조용해졌다. 아무도 움직이지 않았다. 글라저가 목걸이를 놓을 때까지 잔티카는 그의 턱을 계속 쥐고 있었다. 그런 다음 천천히 뒤로 물러서며 그에게 즐거운 저녁 식사를 빌어주고 다시 접시를 집어 들었다.

내가 스파링파트너에게 지금 당장 하고 싶은 게 뭐냐고 물었을 때, 그는 즉시 대답했다.

"빨리 이 자리를 뜨고 싶어요."

그리고 그는 소원대로 그 자리를 떠났고, 잔티카는 크게 숨을 내쉬더니 계속 키득거리면서 방을 가로질러 나갔다. 잠깐 멈춰 섰다가 다시 웃으며 걸어 나갔다. 말을 꺼내는 사람이 아무도 없어서 결국 내가 그녀에게 기분을 물었다. 그녀는 내 앞에 멈춰 서서 설명했다. 십 년 묵은 체중이 내려간 것 같다고, 하지만 자신에게 화가 난다고. 그런데 그녀는 그날 저녁에 왜 글라저 박사가 하는 대로 내버려 두었을까? 왜 이제야 뒤늦게 올바른 반응을 찾아냈을까?

추측건대 여러 가지 이유가 있을 터이다.

첫째, 그녀는 회의장이 온전히 지적인 환경이라고 생각했다. 멘토가 국제회의장에서 그런 행동을 하리라 예상하지 못했다. 게다가 결혼한 사람인 걸 뻔히 알면서 그렇게 치근댈 줄은 몰랐다.

둘째, 그녀는 예의를 중시하는 부모님 밑에서 자랐다. 만약 남자의 언어도 같이 배웠더라면 예의를 중시하는 것은 환영받아 마땅하다. 그러나 그녀는 여자의 언어만 배웠다. 그 결과 그녀는 남자들의 '매너'를 전혀 이해하지 못했다. 그래서 그녀는 여자들의 방식으로 최소한의 '매너'를 지켰다. 즉 그녀는 술 취한 글라저의 쓸데없는 질문에 단답형으로 대답했다. 그렇게 하면 그녀의 불편한 심기를 그가 알아차리고 알아서 사라져 주리라 기대했다. 그러나 앞에 선 사람은 여자가 아니라, 여자의 언어를 이해 못 하고 이해하고 싶지도 않은 남자였다.

잔티카는 화가 나는 동시에 맘이 편해졌다. 그러나 또한 멘토가 그녀의 이런 행동을 과연 용서할 수 있을까 궁금했다. 우리는 오랫동안 이것에 대해 이야기를 나누었다. 그녀가 멘토에게 무엇을 잘못했기에 용서받아야 할까? 공격한 사람이 누구였던가? 바로 그였다. 그녀는 다만 공격을 방어했을 뿐이다.

여자의 이런 저항을 견디지 못하고 복수를 계획하거나 왕따 전략을 세우는 남자들도 당연히 직장에 있을 수 있다. 그리고 그것 역시 당사자가 감당해야 할 몫이다. 최악의 경우, 회사를 그만둬야 할 수도 있다. 확실히 쉽지 않은 일이다. 그러나 인간의 자기 존중은 돈으로 계산할 수 없다.

글라저의 신체적 습격은 정말 놀랍고 충격적이다. 그러나 애석하게도 이런 일이 직장에서 비일비재하게 일어난다. 인턴 과정, 아르바이트, 현장 실습 등 다양한 공간에서 여성들이 비슷비슷한 경험들을 한다. 그러나 직장에서(학교도 예외가 아니다) 남자들의 이런 태도를 만났을 때 절망하고 포기해서는 안 된다.

그렇다. 불공평하고 정의롭지 못한 현실이다. 성공을 바란다면 이념적인 외침이 아니라 실질적인 실천을 해야 한다. 좋고 나쁨을 명확히 표현하고 맞서야 한다. 감춰진 형태의 남녀 차별이 엄연히 존재하는 분야가 분명 있다. 그런 곳에서는 전문적인 능력이 크게 대접받지 못한다. 여자들은 처음부터 그것을 고려해야 한다.

그렇다고 그런 분야가 전문적인 능력을 인정하지 않는다거나 여자들이 그런 분야에서 성공할 수 없다는 뜻은 아니다. 여자들도 그런 분야에서 성공할 수 있다. 대신 오만함의 도구를 언제라도 꺼내 들 준비가 되어 있어야 한다.

제8장

권력 상징

권력 대결에
동참하라

01

복장, 대표적인 권력 상징

옷은 정치적 기능을 가진다

회의실이나 사무실에 들어서는 순간, 즉각 전달되는 메시지라면 단연 겉으로 보이는 모습이다. 실제로 사람들이 가장 먼저 인식하는 것도 겉모습이다. 목표로 삼았던 첫인상 주입에 실패한 사람은 그것을 수정하기 위해 타당한 근거와 인내, 수고를 들여야 한다. 그러므로 처음 겉모습을 통해 의도한 올바른 메시지를 전달한다면 많은 에너지를 절약할 수 있다.

사람들은 기본적으로 전체적인 자세를 보고, 그다음 얼굴과 인상을 본다. 그런 다음 이론상으로는 종종 언급되지만 실제로는 자주 폄하되는 것, 즉 복장에 무게를 둔다.

　남자들이 대부분인 직장에서 어떤 옷을 입어야 할지 몰라 고민하는 의뢰인이 꽤 많다. 그들은 대개 눈에 띄지 않는 무난한 무채색의 수수한 차림을 택한다. 물론 직종에 따라 공식적인 복장 규칙이 있다. 예를 들어 광고기획 분야는 은행보다 자유롭게 입는다. 건축 현장에서 일하는 사람과 제약회사에서 일하는 사람의 복장은 완전히 다르다.

　그러나 직장 여성이 특정 지위를 확실히 드러내려면 간단한 규칙 몇 가지에 주의해야 한다. 사실 대부분의 여성이 그것을 이미 잘 알고 있지만, 종종 대수롭지 않게 여기는 경향이 있다. 앞에서 언급했던 스티븐 피리어스의 영화《더 퀸》의 장면을 본다면 어떤 규칙인지 금방 알 것이다.

　영화의 첫 장면에서 여왕은 공식 초상화를 위해 화가 앞에 앉아 있다. 화려한 복장에 장신구들까지 완벽하게 갖추고. 카메라가 밑에서 위로 천천히 움직인다. 하얀 구두 끝, 빳빳하게 다려지고 세심하게 정리된 주름 장식의 예복, 길게 늘어진 검은색 벨벳 재킷, 고급스러운 장갑을 끼고 무릎에 가지런히 올린 양손, 별 모양의 빛나는 훈장들, 장식 띠, 황금 단추, 술 장식, 커다란 물방울다이아몬드 반지, 멀리 바라보는 시선 그리고 끝으로 은회색 머리. 권력 상징의 완벽한 복장을 한 여자가 왕의 권위와 위엄을 보이며 앉아 있다. 턱이

두 개처럼 보이는 늘어진 턱살과 선명한 주름에 시선을 고정할 사람은 없다.

　나는 종종 이런 카메라 움직임을 모방하여 다소 도전적인 연습을 한다. 참가자들은 회사에서 맡은 자기 역할에 맞게 옷을 입고 조별로 모여 앉는다. 그들 중 한 명이 앞에 나와서 자신의 직업을 소개하고 회사에서 맡은 역할과 직책을 설명한다. 그런 다음 아무 말도 해선 안 된다. 오직 듣기만 해야 한다. 이제 다른 참가자들이 앞에 선 사람에 대해 토론한다. 그들은 앞에 선 사람을 머리에서 발끝까지 자세히 살핀 후 설명한 직책과 복장의 세세한 부분이 잘 맞는지 솔직하게 의견을 나눈다. (대개가 잘못 입었다는 평을 받는다). 온갖 사소한 것들이 지적되었다. 머리 모양, 머리 색깔, 귀고리, 화장, 치아, 문신, 피어싱, 어깨에 넣은 심, 블라우스, 티셔츠, 단추, 재킷의 모양, 옷 색깔, 치마, 바지, 허리띠, 치마 길이, 바지 길이, 스타킹, 신발, 구두 굽 높이, 구두 끝의 모양, 새것 혹은 헌것. 이 모든 것을 고려하여 무엇이 어떤 직장에 적합한지 꼼꼼히 기록했다.

　기본적으로 거의 모든 참가자가 복장의 중요성을 잘 알고 있었다. 하지만 직장 생활의 소용돌이에 휩싸이다 보면 언젠가부터 신경을 못 쓴다고 한다. 이상하게도 여자들은 업무 내용에 맞게 옷을 입어야 한다고 생각하면서, 옷이 갖는 정치적 기능은 과소평가한다.

어느 철강회사 여사장은 직원들과 똑같이 편안하고 실용적인 옷을 입는다. 그리고 직원들과 친구처럼 지내는 자신을 진심으로 대견하게 생각한다. 그러나 정작 직원들은 그녀를 사장으로 진지하게 받아들이지 않는다.

한 전문의는 의대생 시절과 똑같은 머리 모양에 똑같은 안경을 쓰고 똑같이 화장기 없는 얼굴이다. 그리고 동료 의사들이 그녀를 의대생 시절과 똑같이 대하는 걸 이상하게 생각한다.

해리엇 루빈은 자신의 베스트셀러《여성을 위한 마키아벨리 Macchiavelli für Frauen》에서 분명하게 밝혔다.

"직장 여성이 즐겨 입는 회색, 베이지, 파스텔 색상은 뒤로 물러서는 색이다. 이런 색은 옷을 입은 사람의 두려움과 불안감을 전달한다."

당연히 모두들 직장 분위기에 맞춰서 옷을 입는다. 그러나 내가 받은 인상에 따르면 많은 여자들이 합법적인 대표성을 드러내는 일이 실제로 얼마나 중요한지 제대로 배우지 못한 것 같다. 대부분의 (특히 학력이 높은) 여자들이 화장의 중요성을 전혀 모른다. 화장은 직장을 재미로 다니는 여자들이나 하는 거라고 생각하는 것 같다. 그리고 그들은 심지어 그냥 남자인 것처럼 행동한다.

그러나 이것은 기본적으로 아무런 이득이 없다. 특히 상대가 남자라면 더욱더. 우리는 지금 대표적인 권력 상징에 대해 이야기하고 있다. 업무 적합성과 아름다움뿐 아니라 정치적 상징도 고려해야 한다. 프랑스 국방장관 미셸 알리오 마리 혹은 미국 외무부장관 매들린 올브라이트 같은 사람들은 부대를 방문할 때나 텔레비전 카메라 앞에 설 때 혹은 국회에서 격렬한 갈등이 벌어질 때 항상 우아한 복장으로 등장한다. 대부분이 남자인 직장에서 그 누구도 그들의 단호함과 권력을 의심하지 않는다. 남자로 변장할 이유가 없다.

복장을 권력 상징으로 여기는 것은 본인과 타인 모두에게 효과가 있다. 빔 벤더스는 그의 영화 《도시와 옷에 놓인 공책Notebook On Cities And Clothes》에서 일본의 의상디자이너인 요지 야마모토가 일하는 모습을 영상에 담았다. 영화 앞부분에서 그는 야마모토의 작품에 대한 자신의 생각을 털어놓았다. "나는 야마모토가 디자인한 재킷과 셔츠를 샀다. 새 옷을 사 입었을 때의 기분을 모두들 잘 알 것이다. 거울에 비친 자신의 모습에 감탄하며 살짝 들뜨는 그런 기분. 그러나 야마모토의 재킷과 셔츠를 입었을 때는 사뭇 달랐다. 거울 속에 있는 사람은 분명 내가 맞는데, 그동안의 내가 아니었다. 거기에는 내 자아가 있었다. 나는 갑옷을 입은 기사처럼 든든한 기분이 들었다. 재킷과 셔츠 하나에!"

어느 정도 옷에 신경을 쓰는 사람은 이런 효과를 잘 알 것이다(아마도 아직은 남자들보다 여자들이 더). 그러므로 직장에서의 복장은 신중히 고려되어야 한다. 자신의 복장에서 갑옷을 입은 듯 든든한 기분이 드는 사람은 당당한 자세를 취하게 된다. '지금까지의 내가 아닌' 것이다. 아무거나 손에 잡히는 옷을 걸쳐 입고 개와 산책을 나가는 것은 문제가 안 된다. 개는 주인의 복장에 상관하지 않으니까. 하지만 그런 복장으로 회의를 이끌고 직원에게 지시를 내리고 고객을 만난다면 어떻게 되겠는가.

화장은 전투를 위한 분장이다

2006년에 미국의 한 연구자가 '남녀에게 미치는 화장의 사회적 효력'을 조사했다. 남녀 피험자들은 화장한 여자와 화장하지 않은 여자를 보고 평가를 해야 했다. 이때 화장한 여자들이 화장하지 않은 여자들보다 더 건강한 사람으로 받아들여졌다. 또한 화장한 여자들이 자의식이 높은 것처럼 비쳐졌고, 그래서 피험자들은 그들이 유망 직종에 종사하고 연봉도 높을 거라 판단했고, 자세한 설명이 없었는데도 화장한 여자들이 예를 들어 건축설계사 혹은 기업 대표일 거라 예상했다.

반면 화장을 하지 않은 여자들은 청소부, 베이비시터, 실업자일 거라 예상했다. 주로 남자 피험자들이 이런 대답을 했다. 연구자의 의견에 따르면 화장한 여자들이 자의식이 높을 거라는 평가를 받은 이유는 다음과 같다.

"화장한 여자들은 자신이 더 예뻐 보인다고 느끼고 그로 인해 자존감이 높아진다. 그리하여 당당하고 자신감 넘치는 자세로 높은 자의식을 발산하게 된다."

이런 자의식이 어디서 비롯되었는지는 중요하지 않다. 사람들은 기본적으로 첫눈에 보이는 모습만으로 평가한다. 일단 대화가 시작되면 세부적인 복장은 큰 구실을 하지 않지만, 그 전에 이미 의사소통의 질은 결정된다.

'시각적으로 눈에 띄는 여자들은 주로 능력을 의심받기 때문에 남자들에 맞서 능력을 증명해야 하는 부담을 갖는다'라는 선입견이 있다. 하지만 내 경험으로 볼 때, 다른 성별의 언어를 이해한다면 개성을 살린 외양은 직장 생활에서 전혀 장애가 아니었다. 대부분의 남자들은 화장한 여자들을 결코 얕잡아보지 않는다. 그들은 여자들의 화장을 '직장에서의 전투를 위한 분장'이라고 생각한다. 이것은 백번 옳고 또 옳은 생각이다. 그런데 많은 여자들이 그 안에 담긴 존중의 무게를 과소평가하는 것 같다.

여러 사람 앞에 섰을 때 얼굴이 눈에 띄게 붉어지는 성향이라면, 당사자가 이걸 어떻게 생각하느냐는 사실 크게 중요하지 않다. 사람들 앞에서 프레젠테이션을 하는데, 모두가 스크린을 보지 않고 얼굴과 목의 붉은 기운만 빤히 보는 것 같고, 그래서 가능한 한 침착하려 노력하지만 붉은 기운이 좀처럼 가시지 않는다면 어떻게 해야 할까? 차라리 그것을 재치 있게 화제로 올리는 것이 낫다(물론 상황에 잘 맞게 해야 한다). "모두들 저의 붉어진 얼굴에 주목해주셔서 대단히 감사합니다." 혹은 "얼마나 흥미진진한지 제 혈관들이 벌써 반응하네요!" 그러면 사람들의 눈빛이 달라진다. 스스로 흠이라 여겼던 것을 활용하여 오히려 공감을 얻어낸 것이다. 만약 무대가 멀리 떨어져 있다면 어차피 붉어진 얼굴이 보이지 않을 테니 신경 쓸 필요 없다. 자신의 신체적 반응을 스스로 느끼더라도 다른 사람들의 눈에는 아무것도 보이지 않는다.

결국, 모든 것은 하나의 질문으로 집약된다. 바로 '남의 눈에 띄는 것을 얼마나 잘 견딜 수 있는가'이다. 첫 계단을 올라야 둘째 계단도 오를 수 있음을 명심해야 한다. 남자들과의 직장 내 관계에서 영역을 다투고 비언어적인 무브토크로 소통한다면, 그리고 이 과정에서 미래의 성공과 리더 역할을 위해 뒤로 물러나는 전략을 쓴다면 이 모든 일은 조용한 골방에서 아무도 모르게 진행되지는 않는다.

뒤로 물러나 묵묵히 기다려서는 아무도 당신을 찾지 않는다. 주목받고 싶다면 그리고 직업적 능력을 발휘하려면 먼저 능력을 가진 사람으로 자주 노출되어야 한다. 이목을 끌고 인식되고 목격되어야 한다. 어느 날 갑자기 누군가에 의해 우연히 능력이 끄집어내지고 주목받기를 간절히 바랄 테지만, 이런 주목은 의식적으로 계획하고 조종해야 가능하다. 이때 자칫 남자들로 하여금 여자들의 능력을 얕잡아보게 할 수 있는 몇몇 실수들이 있다. 적어도 다음과 같은 실수는 하지 말아야 한다.

- 고무줄로 질끈 묶은 머리: 아주 편리하고 어차피 뒤통수는 잘 보이지도 않는다? 많은 여성들이 무심코 이렇게 하는데, 어쩌면 스스로 알고 있듯이 이 머리는 미숙한 신입사원처럼 보이게 한다.
- 길게 풀어헤친 머리: 손가락으로 돌돌 감거나 뒤로 넘겨 매혹적으로 흔드는 등 가지고 놀기는 좋을 것이다. 하지만 학창 시절은 이미 오래전에 끝났다.
- 손목에서 딸랑거리는 수두룩한 팔찌: "맞아요. 나는 노는 거 정말 좋아해요. 서랍에는 옛날에 갖고 놀던 바비인형도 있어요"라고 말하는 것처럼 보인다.
- 딱 붙는 초미니스커트: "사람들은 왜 나의 멋진 각선미를 몰라볼까?" 회사에서는 각선미가 전혀 중요하지 않다.
- 깊게 파인 목: 이런 옷으로 남자들에게 당신의 가슴 사이즈 퀴즈를

내봤자 절대 '존중'이란 답은 나오지 않는다. 존중은 분석력과 추진력에서 나온다.

- 하얀 블라우스 안에 검정 브래지어: 존중은 분석력과 추진력에서 나오는 것임을 다시 한번 기억하라.
- 배꼽티: 옷가게라면 모를까, 회사는 패션쇼장이 아니다.
- 슬리퍼: 자유로움을 넘어 좀 심하다.
- 과한 또는 부족한 화장: 회사와 직책에 달렸다. 그러나 민낯보다는 낫다.
- 꽉 끼는 옷: 싸구려 소시지 껍질처럼 보이고 싶은가.
- 과하게 헐렁한 옷: 패션 감각 제로.
- 올 블랙: 어깨가 넓은 사람은 특히 피하라. 보디가드처럼 보인다.
- 헤졌거나 지저분한 신발: 더 할 말이 없다.

02
부차적인 권력 상징

권력 상징이 웃음거리가 되어선 안 된다

권력 상징이나 그 비슷한 주제를 제시하면 직종과 상관없이 거의 모든 여성 의뢰인이 거부, 혐오, 멸시 등의 반응을 보였다. 그들에게 권력 상징은 남자아이들이나 갖고 노는 유치한 장난감이고, 그들은 어차피 이런 유치한 놀이에 끼고 싶지도 않다. '교양과 지성을 갖춘 사람으로서 어떻게 회사에서 주는 자동차의 배기량 차이를 놓고 싸울 수 있단 말인가? 어차피 야근을 밥 먹듯 해야 하는데, 사무실 창문이 하나냐 둘이냐가 왜 그렇게 중요할까?'

여성 리더들이 으스대며 권력 상징을 무시하는 태도를 나는 너무나 자주 목격했다. 그들 중 대부분은 실제로 내용을 중시하고 더 합리적이다. 당연히 사무실이나 자동차의 크기가 업무를 대신 해결해주진 않는다. 그러나 많은 여성이 간과하는 것이 있는데, 그들은 이성적인 해결책에 집중하느라 직장에서 매우 중요한 것을 놓치고 만다. 직장에서의 성공은 종종 내용 요소보다 정치 요소에 더 영향을 받는다. 특히 경쟁자 혹은 상사가 남자라면 더욱 그렇다. 업무와 관련된 구체적인 문제를 해결하는 데는 관심이 있지만, 정치적인 대결이나 상징적인 권력 연출에는 관심이 없는 사람들은 바로 그런 이유로 대부분 나쁜 카드를 손에 쥐게 된다. 이런 사람들은 필요할 때 능력을 발휘하지만, 그것으로 승진 기회나 더 높은 연봉을 얻지는 못한다.

베렐리는 한 중소기업의 부서장으로 임명되었다. 요청하지 않았는데도 BMW 7시리즈가 업무 차량으로 지급되었다. 베렐리는 회사의 어려운 재정 사정을 잘 알았고, 계획 중인 절약 및 긴축 정책의 관점에서 볼 때 부서장으로서 경차를 타면 직원들에게도 모범이 될 거라 생각했다. 내용만 보면 틀린 생각은 아니다. 그러나 그녀가 사장에게 이것을 제안하자 사장은 손사래를 쳤다.

"말도 안 됩니다."

베렐리가 이유를 묻자 사장이 설명했다. 베렐리가 다른 부서장들로부터 동등한 지위로 인정받으려면 그래야 한다는 것이다. 남자들에게 BMW 7은 회사에서의 지위를 나타내는 것이고, 이런 지위 상징을 포기한 사람은 그 지위에 관심이 없는 것으로 이해된다.

왕은 지휘봉을 결코 서랍에 넣어두지 않는다. 그 막대로 못 하나 박지 못한다는 걸 잘 알지만 말이다. 베렐리는 정말 좋은 사장을 만났다. 다른 여자들은 그런 상사를 만나지 못했고 그래서 권력 상징에 관한 한 스스로 제 발등을 찍었다.

내가 직장 여성들에게 소개하는 권력 상징 목록이 있다. 체크리스트 형식으로 작성한 목록인데 완전하지는 않다. 인터넷 기업 같은 신생 기업에서는 권력 상징이 그렇게 명확하지도 않고 공개적으로 드러나지도 않는다. 그러나 지위 고하가 전혀 없다는 회사에도 권력 상징은 있다. 약간만 주의를 기울여 관찰하면 금세 드러난다. 그리고 그것은 BMW가 아니라 '자유로운 근무 시간' 혹은 '회사가 비용을 부담하는 최신 치료법'이다. 또한 정신적 가치를 중요하게 여기고 사회복지를 다루는 비영리 단체에도 권력 상징은 있다. 다만 명칭이 다를 뿐이다.

여성이 남성 경쟁자에 맞서려면 무결점의 업무를 보여주는 것뿐 아니라 권력 상징도 다투어야 한다. 만약 남자들이 같은 지위의 여자들보다 더 비싸고 강력한 권력 상징을 기대한다면 특히 더 강하게 나가야 한다. 그런 의미에서 권력 상징 체크리스트를 소개한다.

지원	업무 차량	- 리무진 혹은 소형차?
	기차표	- 일등석 혹은 이등석?
	대중교통 수단	- 연정기권 혹은 일회용?
	비행기	- 국적기 혹은 저가항공?
영역	전용 주차구역	- 전용 주차구역이 있는가?
	사무실 위치	- 옆 사무실에는 누구? - 몇 층? 그리고 양쪽에 창문이 있는 건물 끝?
	업무 환경	- 사무실 크기는? - 책상 크기와 재질은? - 개인 의자의 크기와 재질은? - 회의실 의자의 크기와 재질은? 소파? 가죽? - 조명: 형광등 혹은 디자이너 램프? - 장식품: 복제품 혹은 진짜 명화? - 화분: 소박한 화분 혹은 거대한 야자수? - 바닥재: 편리한 PVC 혹은 두꺼운 카펫?
	업무 기기	- 전화기 모델 - 휴대전화 모델 - 컴퓨터/노트북 성능

인력	직원	- 부하 직원이 몇 명?
	비서/조수	- 개인에게 혹은 팀에게?
돈		- 연봉 - 이익 배당금 - 보험
특혜		- 상사로부터의 '사적인' 초대 - 회사 대표로 외국 자매회사 방문 - 계약 기간 - 부서 출판물에 이름 기재 - 학술서 특별출판 - 공식 석상에 대표로 참가(기자회견, 인사말, 축하연 등) - 재교육 횟수, 비용, 장소 - 외부 전문가의 코치 - 일류 병원에서 매년 건강검진 - 출장 시 호텔 이용 - 잡지 및 도서 구매 예산 - 잡비 및 식비

〈회사 내 권력 상징 체크리스트〉

권력 대결에 적극적으로 동참하라

여자들이 지위 상징을 얻기 위해 남자를 상대로 그것을 강하게 요구해야 하는 경우, 남녀의 언어 차이가 명확히 드러난다. 경쟁보다 정당한 거래를 중시하는 문법이 갑자기 지위와 권력 상징의 언어 세계에 떨어진다. 슈베르트의 사례에서 그것을 확인할 수 있다.

슈베르트는 작고 예쁘장하게 생긴 박사학위 지망생이다. 목소리가 좀 작긴 하지만 매우 신중하게 말한다. 우수한 성적으로 공부를 마친 이 젊은 역사학자는 다음과 같은 문제에 직면했다. 그녀는 박사학위 지도교수인 바라이스 교수와 아주 잘 지냈다. 그런데 최근에 젊은 남자 연구원이 새로 들어왔고, 그는 아침에 슈베르트보다 대략 두 시간은 늦게 연구실에 출근했다. 그리고 저녁에는 슈베르트보다 더 일찍 퇴근했다. 슈베르트가 이 남자 연구원보다 훨씬 많은 일을 하는데도 불구하고 이상하게 지도교수의 연구 발표문에 항상 그의 이름이 공동 저자로 기재되었다. 이 연구원이 들어온 이후로 그녀의 이름은 한 번도 공동 저자로 기재되지 않아 그녀는 더욱 화가 났다.

워크숍에서 재현을 하기 전에, 슈베르트는 그녀를 대신할 사람에게 바라이스 교수와 면담할 때 하려는 이야기를 정확히 전달해야 했는데, 그녀는 횡설수설하며 자꾸 사소한 불만들만 반복했다. 그녀를 대신할 사람조차 슈베르트가 진짜 하려는 말이 무엇인지 이해하기 힘들어했다. 슈베르트의 문제는 자신의 지위에 대한 잘못된 관점이었다. 그녀는 어떤 것도 요구할 입장이 아니라고 생각했기 때문에 원하는 것을 말하는 것 자체가 벌써 힘들었다. 아주 전형적인 사례다. 연봉 협상이나 무리한 요구를 하는 상황에서도 이런 전형을 보게 된다. '상사는 불행한 여직원의 감춰진 메시지를 이미 간파했을 거야.' 이런 식의 내적 제동기가 작동한다. 기본적으로 공평한 상사도 있고 불공평한 상사도 있게 마련이다. 하지만 어떤 상사든 애매모호한 표현을 듣고 감춰진 메시지를 간파하지는 못한다.

슈베르트가 하고 싶은 말을 구체적인 세 가지 요구로 간추린 후 재현을 시작했다.

바라이스 교수와 박사학위 지망생이 마주 앉았다. 예상했던 대로 슈베르트는 지적인 근거를 제시하며 주장을 펴는 여러 번의 시도 후에 말이 막히고 말았다. 바라이스 교수는 점점 더 지루해졌고 서서히 화가 났다. 마지막 시도에서 여러 번의 실패로 거의 절망한 슈베르트는 호소하듯 외쳤다.

"결론적으로 말해, 새로 온 연구원보다 내가 더 낫단 말입니다!"

바라이스 교수는 갑자기 멈칫하더니 슈베르트의 얼굴을 처음으로 똑바로 보았다. 이제야 비로소 무언가가 전달된 것처럼 보였다. 여기에 용기를 얻은 슈베르트는 불끈 쥔 주먹을 허공에 흔들며 세 번 연달아 외쳤다. 지도교수를 똑바로 보면서.

"연구 발표, 연구 발표, 연구 발표 말이에요!"

지성인에게는 어울리지 않는 행동 같은가? 두 사람은 지성인이기 전에 인간이다. 바라이스 교수는 비로소 슈베르트가 원하는 것을 알아들었고 그것을 기뻐했다. 심지어 그녀의 요구를 들어줄 마음까지 생겼다. 바라이스 교수는 처음부터 권력 대결이 진행 중임을 알았고, 마침내 슈베르트가 권력 대결에 동참할 의지를 명확히 표현했기 때문에 그는 귀를 기울였다.

요구가 받아들여진다는 보장은 당연히 없다. 그러나 기회는 높아진다. 여자들이 명확하게 요구하면 남자들은 귀를 닫지 못한다. 특히 지위 상징을 다룰 때는 절대 귀를 닫지 않는다. 슈베르트의 경우에는 지위 상징이 연구 발표였다. 다른 맥락에서는 앞에 나열한 지위 상징 목록 중 하나일 수 있다.

교육 수준도 높고 더 큰 역할을 하는데도 직장에서 여자들이 남자들보다 월급을 적게 받는 것을 어떻게 설명할 수 있을까? 학력이 높은 사람이 그렇지 않은 사람보다 월급을 많이 받는 건 납득이 된다. 그러나 학력 수준이 똑같은데도 여자가 남자보다 월급을 적게 받는다. 나쁜 제도와 불평등을 탓할 수 있을 것이다. 그러나 시간이 지날수록 드는 생각인데, 아무래도 이런 차별을 노골적으로 이야기하면 안 된다고 잘못 생각하는 여자들이 많은 것 같다. 그런 이야기를 하면 어쩐지 드세 보일까 봐? 아니면 상사가 먼저 언급해주기를 바라는 건가? 혹은 사람들이 기꺼이 믿고 싶어 하는 것처럼 지성인으로서 할 행동이 아닌 것 같아서인가?

권력 대결이 끊임없이 연출되는 곳에서는 지성으로 상황을 바꾸기는 힘들다. 슈베르트는 마침내 이것을 깨달았다. 바라이스 교수는 여자가 아니다. 슈베르트는 놀랍게도 그것을 뒤늦게 알아차렸다.

제 9 장
지위와 역할

자신의 지위를
망각하지 말라

01

직책은 권력 신호

명함에는 정치적 메시지도 담긴다

워크숍에 참석한 여자들에게 명함을 청하면 절반 정도는 명함을 아예 가지고 있지 않다. 명함에 관해 좀 더 깊이 이야기해보면, 많은 여자들이 명함을 언제 어떻게 건네야 하는지 전혀 모르고, 강력한 요청이 있을 때만 어쩔 수 없이 명함을 주는 것 같다.

회의를 끝내고 헤어지는 장면을 재현할 때도 그들은 옆자리에 앉았던 사람과 명함을 주고받지 않았다.

"왜 그래야 하죠? 특별히 깊은 인간적 관계가 생긴 것도 아닌데."

같은 상황에서 남자들은 완전히 다르게 행동한다. 작은 기회도 놓치지 않고 보란 듯이 명함을 돌린다. 그리고 회사로 돌아와서는 수집한 명함을 중요도에 따라 분류하고 정리하느라 꽤 긴 시간을 들인다. 특히 중요한 사람의 명함은 별도로 보관해두었다가 크리스마스에 카드라도 한 장 보낸다. 극단적으로 피상적인 만남이었고 어쩌면 회의 내내 짧은 대화조차 나누지 않은 사이였더라도 메일이나 편지로 인사를 보내 관계를 연결해 둔다. 여자들은 이런 태도를 허례로 폄하하거나 부담스러워한다. 반면 남자들은 이런 식으로 관계망을 꾸준히 늘려간다. 당연히 피상적인 관계지만 많은 경우 직업적으로 굉장히 유용할 수 있다. 심지어 통계적으로 그것이 증명된다.

연봉이 10만 유로 이상인 리더들에게 그들의 성공 요인이 무엇인지 물었다. 전문 지식, 외국어 실력, 개인적인 관계 그리고 외모가 거론되었다. 흥미롭게도 남자들은 21퍼센트가 '직업과 직접적인 관련이 없는 활동'을 주요 요인으로 꼽았는데, 여자들은 단 한 명도 이런 대답을 하지 않았다.

남자들이 말한 '직업과 직접적인 관련이 없는 활동'이란 무엇일까? 거의 모든 학자들이 동의하듯이 이것은 운동이나 골프를 같이 하는 사람들, 회의장에서 스치듯 만난 아버지의 옛날 친구 등 '사회적 네트워크'를 뜻한다. 이런 맥락에서 볼 때, 명함은 사소해 보이지만 굉장히 큰 의미를 가진다.

남자들은 명함에서 주로 무엇을 볼까? 가장 먼저 명함의 두께를 본다. 집에서 프린트한 얇은 종이라면 명함은 없는 거나 마찬가지다. 그다음엔 디자인. 화려할 필요는 없지만 전문적인 분위기가 풍기는 디자인이어야 한다. 과해선 안 되지만 어느 정도 비싸 보이는 건 괜찮다. 그러나 명함에서 가장 결정적인 것은 당연히 직책명이다. 남자들은 상대방의 명함을 보면서 루이 14세 궁정에 모인 질투심 많은 귀족들을 연상케 하는 기이한 반응을 보인다.

공식적인 직책명은 임시적이거나 허영이 아니다. 내용적으로나 감정적으로나 대단히 중요하다. 정치적 메시지며 권력 신호다. 남자들은 명함에 담긴 정치적 메시지를 본능적으로 읽는다. '마케팅 담당'보다는 '마케팅 팀장'이 더 강한 권력 신호를 보낸다. 이름 밑에 작지만 진하게 '매니저'라고 적혀 있으면, 남자들에게 그것은 '차량 구매부'보다 훨씬 강한 힘을 발휘한다.

명함에 적힌 직책명만큼이나 사무실 문에 걸린 명패 또한 중요하다. 명패 담당자가 하필이면 당신 명패를 일주일 내내 잊었다면 그냥 우연일 거라 생각하지 말라. 남자들이 복도에서 괜히 밀치는 것과 같은 메시지일 수 있다. '저 여자가 어디까지 허용하는지 어디 한번 보자'라는.

회사에서 맡은 공식 역할을 정확히 설명해달라고 요청하면 여자들은 종종 힘들어한다. 여자들은 공식적으로 명시된 역할보다 실제로 하고 있는 일이 더 중요하다고 생각한다. 그러나 당신이 남자 동료들과 함께 일한다면 명확한 직책과 역할을 정의하는 것은 에너지를 쏟을 충분한 가치가 있다. 남자들은 직책과 역할의 정의가 곧 회사에서 인정하는 지위임을 정확히 알고 있기 때문이다. 이것은 직책과 역할에 잘 맞는 복장처럼 권력을 상징하며 앞에서 언급했듯이 지위를 상징한다.

내가 여러 여성 의뢰인에게서 확인하듯이 직장 내 갈등 상황에서 여자들이 갖는 자아상은 회사에서 맡은 공식 역할과 모순된다. 많은 여자들이 '주변 사람들을 편안하게 할 책임'이 자기에게 있다고 느낀다. 그리고 직원들의 사적인 상황을 배려하는 것이 리더로서 갖는 중요한 임무라고 생각한다. 실제로 많은 여자들이 직장 생활의 만족감은 가능한 한 많은 사람의 사랑을 받는 것에 달려 있다고 믿는다. 그러나 월급을 받는 근거는 업무다. 그것을 실행함으로써 돈을 받는 것이다. 물론 분위기까지 좋다면야 금상첨화겠지만, 사적인 친밀도가 높다고 해서 월급을 주는 건 아니다.

자아상과 현실 사이의 모순이 왜 생겼는지와 상관없이 이런 모순 때문에 유능한 여직원이 남자 동료나 상사로부터 무시당할 수 있다.

그래서 나는 직장 내 갈등 상황을 해소하는 구체적인 해결책을 논의하기 전에 의뢰인에게 먼저 직장에서 맡은 역할을 제대로 정의하게 한다. '사규에 설명된 나의 업무는 무엇인가?' 이것이 회사에서의 지위를 설명하는 일종의 뼈대를 제공하기 때문이다. 많은 여자들이 자신의 직책을 진지하게 받아들이는 것이 얼마나 중요한지 잘 모른다. '나의 책임 영역이 아니므로 나는 그것을 하지 않는다'라는 생각으로 자신의 직책과 역할에만 충실하면 여자들은 직장에서 발생하는 모든 일을 자기 책임으로 여기며 '엄마 노릇'을 할 필요가 없다. 이것은 스스로 강화되는 선순환 체계다.

02
지위 상징의 기본

선순환 체계 만들기

직장의 역할 체계는 의식적인 내면 단계에 따라 바로 서기도 하고 무너지기도 한다. 조직이나 회사에서 정의한 역할이 이미 정해졌다면, 그 역할을 받아들이고 수행하도록 스스로에게 허락해야 한다. '이 일은 내 책임이다.' 이것은 개인적인 이상을 버리는 것일 수 있다. 또한 개인적인 먼 목표에 맞지 않는 일을 당장 해야 한다는 뜻일 수도 있다. 연구만 좋아하고 강의하기를 싫어하는 교수라면 강단을 떠나 연구에만 전념하든지 아니면 교수로서의 역할을 받아들이고 연구에서 멀어질 각오도 해야 한다.

여러 직원을 책임지고 있는 부서장이라면 평사원으로서 지시만 따랐던 예전처럼 행동해선 안 된다. 이제 지시를 내리는 사람이 되었다. '굳이 지시하지 않아도 알아서들 잘할 사람들이야.' 이런 생각 때문에 지시하는 일이 우스꽝스럽게 느껴진다면 차라리 평사원으로 돌아가는 편이 낫다.

공식적인 역할을 진지하게 받아들이려면 스스로에게 그 역할을 허락해야 한다. 이것은 절대 저절로 되지 않는다. 그러나 일단 스스로에게 허락할 준비가 된다면 공식적인 역할을 진지하게 받아들일 수 있고 이것은 다시 스스로에게 그 역할을 허락하게 한다. 그런 식으로 선순환 체계가 생긴다. 정해진 기간 동안 자신이 맡은 역할에 강한 자의식을 가지면 이 역할에 속한 지위 상징에도 자신 있게 대처하게 된다. 만약 그에 합당한 지위 상징이 허락되지 않는다면 강하게 요구해야 한다. 합당한 지위 상징의 도움으로 맡은 역할을 편하게 수행할수록 합당한 자세를 취하는 것이 더 쉬워진다. 또한 이런 자세는 역할에 맞는 복장을 통해 더욱 강화된다. 그리고 다시 역할에 대한 자신의 정체성은 더욱 강화되고 이상뿐 아니라 실제로도 자신의 역할을 '내 집처럼' 편하게 느낄 수 있다. 이렇게 되면 동료와 직원들에게서도 긍정적인 평가를 얻게 된다.

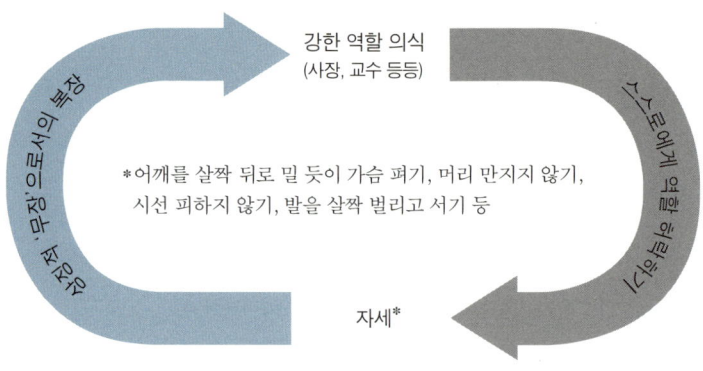

〈자세, 복장, 역할 사이의 상호작용〉

그러므로 이런 선순환 체계(역할-복장-역할)는 직장 여성에게 큰 의미가 있다. 리더 역할을 당연하게 받아들이지 못하는 여성이 많기 때문이다. 앞에 언급했던 (연봉이 10만 유로 이상인) 남녀 리더들에게 '언젠가는 리더가 되리라 확신했었나?'라고 물었다. 예상대로 완전히 다른 대답이 나왔다. '아니다'라고 답한 남성은 16퍼센트였던 반면 여성은 33퍼센트나 되었다. '가능성을 생각해본 적은 있다'고 대답한 여성이 39퍼센트, 남성이 36퍼센트였다. '늘 그렇게 생각했다'고 답한 남성이 48퍼센트나 있었던 반면 여성은 29퍼센트뿐이었다.

숫자가 모든 걸 말해준다.

신체적 매력은 워크숍 주제로 다루기 쉽진 않지만, 직장 여성들의 역할 이해에 결정적인 영향을 미친다. 얼굴이 예쁜 여성은 종종 리더 자리에서 더 힘들기 때문이다. 승진한 것이 정말 능력을 인정받아서인지, 그냥 '미모 가산점'을 받아서인지 불안하다는 이야기를 나는 상담 중에 자주 들어야 했다. '저 남자는 지금 무슨 의도로 저런 이야기를 하는 걸까? 곧이곧대로 들어야 할까 아니면 나랑 자고 싶다는 의미인가?' 리더 자리에 있는 미모의 여성들은 때때로 자신이 덜 매력적이면 좋겠다고 생각한다. 그랬더라면 남자들에 맞서 더 쉽게 역할을 수행했을 거라고.

이런 상담에서 나는 그들에게 자신의 외모에 무심해지라고 충고할 수밖에 없었다. 자신의 외모가 실제로 어떤 효과를 내는지 친구, 가족, 동료들에게 물어보고, 만약 이들이 별 도움이 안 되면 컨설턴트 같은 믿을 수 있는 사람들에게 물어야 한다. 외모를 과대평가할 필요는 없다(남자들은 어차피 이런 경향이 덜하니 여자들이 새겨들어야 한다). 그러나 자신의 외모가 다른 사람에게 어떻게 비치는지는 알고 있어야 한다. 죄책감, 열등감, 콤플렉스 없이. 외모는 소프트웨어 지식처럼 직장에서 갖출 수 있는 여러 요소 중의 하나다. 여자들도 남자들과 마찬가지로 자신의 외모 효과를 의식적으로 인식하고 받아들여야 한다. 그리고 그것에 더는 몰두하지 말아야 한다.

직장 여성은 자신의 역할을 진지하게 받아들이고 스스로에게 그 역할을 허락해야 한다. 그러나 하루 종일 언제 어디서나 그러라는 건 아니다. 이것은 직장에서의 역할이고 '오직' 직장에서만 의미가 있다. 훈련된 역할이 인격이 될 수는 없다. 퇴근하여 직장의 무대를 벗어나면 다른 누군가가 될 수 있다. 그러면 역할 부담을 잠시 내려놓을 수 있다. 직장에서의 역할을 연극이나 역할극으로 생각할 수 있다면 큰 도움이 될 것이다. '나는 이 연극에도 한계가 있음을 명확히 알고 있어. 하지만 무대에 서 있는 한 최선을 다해 연기할 거야. 그리고 무대에서 내려오면 더는 신경 쓰지 않아도 돼'라고.

그러나 많은 여자들이 직장에서의 역할을 진지하게 받아들이는 것부터 벌써 힘들어한다. 왜 그럴까? 유능한 여자들이 어째서 공석의 리더 자리를 욕심내지 않을까? 여럿이 함께하는 일은 기꺼이 하면서 리더로서 지시해야 하는 과제라면 놀라서 뒤로 물러서는 여자들이 왜 그렇게 많을까? 이 물음에 대답하기 전에 나는 특별한 남자들부터 다루고자 한다.

남자 언어를 쓰지 않는 남자

여성만 자신의 공식적인 역할을 받아들이고 수행하는 데 어려움을 겪는 건 아니다. 남성은 대부분 서열과 지위 상징을 건 오랜 대결, 신체 접촉과 영역 다툼, 경쟁과 비언어적 의사소통을 안다. 그러나 몇몇 남자들은 이런 남성의 세계에서 힘들어한다. 이런 부류에 속하는 남성 의뢰인을 보면 대개가 싱글맘 밑에서 자랐다. 여기서 내가 말하는 싱글맘이란 진짜 이혼하여 아이를 혼자 키운 엄마만이 아니다. 공식적으로 함께 살지만 아버지가 아이들에게 전혀 시간을 내지 못하거나 혹은 의도적으로 집이나 아이들에게 신경을 안 쓰는 경우도 해당한다.

안타깝게도 이런 환경에서 자란 아이들은 종종 남자로서의 '롤모델'을 갖지 못한다. 남자들의 언어를 가르쳐 줄 사람이 없다. 무브토크를 흉내 내고 배울 수 있는 대상이 없다. 글과 말이 아닌 전혀 다른 방식으로 의사소통할 수 있음을 보여주는 사람이 아무도 없다. 몸으로 하는 논쟁을 경험하지 못하고 경쟁의 재미를 배우지 못하며 대결이 위협적이지 않음을 깨닫지 못한다. 함께 사는 아버지로부터 서열의 의미를 배우지 못한다. 한마디로 남성의 세계로 이끄는 안내자가 없다. 그래서 이런 환경에서 자란 남자들은 때때로 직업 세계에서 다른 남자들과 지내는 것이 정말로 힘들다. 이를테면 보통 남자들은 그가 당연히 그들을 이해할 거라고 생각한다. 그런데 예상과 다른 반응을 보이면 재빨리 그를 이방인으로 낙인찍는다.

MBA를 우수한 성적으로 마친 높은 잠재력의 인재가 말끔한 양복을 입고 공장을 가로질러 갈 때, 기능직 직원이 그를 팔꿈치로 툭 친다. 그러면 이 인재는 '일부러 그랬을까?' '대응을 해야 할까?' '뭐라고 하는 게 제일 좋을까?' '인사고과에 즉시 반영해야 할까?' 등등의 생각으로 머릿속이 복잡해져 어쩔 줄을 모른다. 이것은 여러 예 중 하나일 뿐이다. 같은 성별을 통해서만 배울 수 있는 태도나 언어가 있다. 반드시 낳아준 아버지일 필요는 없다. 삼촌이나 할아버지일 수도 있고, 아버지 같은 동료나 교사 혹은 좋은 상사일 수도 있다. 엄마가 모든 희생과 사랑을 쏟아도 채울 수 없는 게 있다. 이것은 결코 싱글맘들을 비판하는 게 아니다. 비판은 오히려 자신의 과제를 모르고 빈자리를 만든 아버지들에게 향해야 한다.

남자의 언어를 배우지 못한 남자들은 그러나 회사나 조직에서 종종 예고 없이 남자의 언어에 직면한다. 이들은 외국어를 배우듯 남자의 언어를 배워야 한다. 일단 이것부터 받아들이면 언젠가는 남자의 언어를 이해할 확률이 높아진다.

제 10장

오류와 함정

권력을 드러내는 데
익숙해져라

01

실력이 말해주진 않는다

겸손은 미덕이다?

헌신적으로 성실하게 일하고 대단한 실적을 올리는데도 남자 상사로부터 인정받지 못한다는 여자들의 불평이 슬픈 후렴구처럼 반복된다. 멋지게 일을 해냈지만 이상하게 상사는 항상 모른 척 넘어간다. 동료들도 다 아는 사실이다. 실제로 많은 여자들이 자신의 업적을 만방에 알리지 않아도 실력만 있으면 성공할 수 있다고 믿는다. 그들은 실력이 모든 걸 말해주기 때문에 굳이 대대적으로 광고까지 할 필요는 없다고 생각한다.

굳이 자신을 선전하지 않더라도 실력 있는 여직원을 알아보고 지원해주는 남자 상사도 당연히 있다. 하지만 아주 드문 경우다. 잘한다고 말하는 사람이 실제로도 잘하고, 잘한다는 말을 못 하는 사람은 역시 정말로 일을 잘하지 못할 것이라고 믿는 순진한 남자 상사가 아직은 훨씬 더 많다.

데보라 태넌은 여자들의 이런 전형적인 태도가 어린 시절부터 몸에 뱄다고 본다. '여자들은 자신을 낮추면서, 다른 사람들이 이런 자신의 겸손을 알아보고 높이 평가할 것이라 믿는다'라고. 물론 다른 여자들도 이 패턴을 똑같이 따르고 그래서 기대한 것처럼 겸손한 여자를 알아보고 높이 평가한다. 그러나 남자들은 이런 태도를 매우 희한하게 생각한다. 그들 자신의 태도와 완전히 반대되기 때문이다. 그런데도 많은 여자들이 여전히 그들의 남자 동료, 남자 상사, 남자 고객이 그들의 훌륭한 업무를 알고 있으리라 믿는다. 그리고 직접 나서서 공공연히 요구하지 않더라도 (보호색에 가려 잘 보이지 않는) 몸에 밴 겸손을 인정해주기를 기대한다. 그러나 대부분의 남자들은 숨어 있는 걸 찾아낼 능력이 없다. 라이벌 대결은 언제든 환영이지만, 알아맞히기 퀴즈는 하고 싶어 하지 않는다.

그림 형제의 〈용감한 재봉사〉는 남자들의 자기 과시 태도를 잘 보여준다. 재봉사를 성공으로 이끈 행동은 솔직히 전혀 '용감'하지 않았다. 그런데도 그는 '용감한 재봉사'로 불린다. 빵에 앉은 파리 일곱 마리를 해치운 것은 결코 남다른 능력이나 훌륭한 리더십의 객관적 증거가 아니다. 그런데도 남자 주인공은 효과 만점의 선전 캠페인을 펼쳤다. '한 방에 일곱을 해치웠다'라고 말함으로써 다른 사람(남자?)이 '한 방에 일곱 명을 죽였다'로 이해하고 진짜 킬러로 오해하도록 만들었다.

여자 재봉사라면 어떻게 말했을까? 아마도 그런 사소한 일을 선전할 생각조차 못 했을 것이다. 설령 그런 사소한 일을 남들에게 알리기로 결심했더라도 분명 대대적인 선전은 아니었을 테고 과장 없이 내용적으로 정확하게 표현했을 것이다. "한 방에 파리 일곱 마리를 해치웠다!"라고. 정말이지 내용적으로도 정확하고, 줄이지도 늘리지도 않았다. 이 이야기를 들은 사람은 별 사소한 이야기를 다 한다고 생각할 테고, 여자 재봉사를 대단한 사람이라고 여기지도 않을 것이다.

어려서부터 훈련된 이런 메커니즘은 직장 여성이 성공하는 데 확실히 방해가 된다. 한 사람은 조화와 합의를 위해 자신의 업적을 낮추고, 다른 사람은 계속해서 자신의 업적을 과시한다면 후자가 승리할 게 뻔하다. 상사가 여자라면 자기 업적을 과시할 때 신중해야 하겠지만, 남자라면 서슴지 말아야 한다. 남자 상사가 기대하는 것이 바로 이런 태도이며, 남자 상사의 남자 상사도 똑같은 걸 기대한다.

차별에 저항하라

잔인한 사실이 하나 더 있다. 함부르크대학 경제사회학부 교수 소냐 비쇼프Sonja Bischoff는 '실력이 모든 걸 말해준다'는 생각을 정치적으로 접근했다. 그녀는 장기 프로젝트로 독일어권의 남녀 리더, 그러니까 내가 앞에서 자주 이야기했던 '연봉이 10만 유로 이상인 남녀 리더'를 연구했다. 그들은 중간 관리자였는데, 최고 경영자를 연구하기가 힘들었기 때문이다. 애석하게도 여성 최고 경영자는 거의 없었다. 아무튼 소냐 비쇼프는 남녀 리더들에게 직장 생활의 경험을 물었다.

승진의 가장 큰 장애가 무엇이었냐는 질문에 실력이 부족했다고 답한 남자는 12퍼센트였고 여자는 10퍼센트였다. 상사나 동료였다고 답한 남자는 11퍼센트였는 데 반해 여자는 5퍼센트였다. 직장과 가정의 충돌을 장애로 느낀 남자는 1퍼센트인 반면 여자는 8퍼센트나 되었다. 그리고 올 것이 왔다. 여자 23퍼센트가 '여자에 대한 편견'이 가장 큰 장애였다고 힘주어 말했다. 성별 때문에 차별을 받은 경험이 실제로 있었는지 묻는 질문에는 놀랍게도 여자의 24퍼센트가 '그렇다'고 대답했다. 네 명 중 한 명이 차별을 받았다는 뜻이다.

리더 자리에 있는 여자들이 네 명 중 한 명꼴로 직장에서 성차별을 직접 경험했다. 슬픈 애도가를 부르며 눈물을 흘리자고 이 이야기를 하는 게 아니다. 이 연구 결과가 중요한 까닭은 이렇게 답한 사람들이 직장 생활을 계속하고 성공하고자 하는 여자들이기 때문에, 그리고 '말 안 해도 알아주겠지'라는 환상을 깨야 하고 깰 수 있을 여자들이기 때문이다. 차별에 놀라고 상처를 받는 대신 처음부터 그런 차별이 있음을 예상해야 한다. 그리고 차별에 부딪히면 단호하게 저항해야 한다.

차별은 악의적이고 잔인한 모습을 띠지 않고도 진행될 수 있다. 유명한 금융기관의 워크숍에서 있었던 일이다. 남녀노소 지위 고하를 막론하고 모든 직원이 관객으로 앉았고 그날 처음 만난 한 신사가 역할극에 참가했다. 그리고 그 신사는 확실히 역할극을 즐기는 것 같았다. 초반의 쾌활함이 가시고 곧 '그들 조직에서는 어째서 여자가 높은 자리에 앉지 못할까?'에 대한 진지한 토론이 이어졌다. 나는 이 신사에게도 의견을 물었다. 그때는 몰랐는데, 나중에 알고 보니 그는 그 은행의 최고 경영자였다. 그는 여유롭게 자세히 설명했다.

"잘 아시겠지만, 리더를 잘못 세우면 조직 전체가 위험합니다. 영향력 있는 자리는 단 한 번의 잘못된 임명으로도 어림잡아 수백만 유로의 손실이 생길 수 있습니다. 그러니 내가 직관적으로 개인적으로 완전히 믿고 이해할 수 있는 사람을 그런 막중한 자리에 앉히는 걸 이해해야 하고 당연하게 여겨야 합니다."

혹시 자신이 남자이기 때문에 남자를 선호하는 것이 아니냐고, 한 여자가 따지듯 물었다. 이 질문에 신사는 더 이상 호탕하게 대답하지 않았다. 조금 전 자신의 말이 얼마나 위험한 발언이었는지 그제서야 알아차렸기 때문일 것이다.

그러나 대부분의 차별은 이렇듯 모호하게 진행된다. 직설적으로 공공연히 밝히는 차별은 거의 없다. 겉으로 드러나지 않게 은근히 진행된다.

"나는 나와 같은 성별을 선호합니다. 그와는 말도 잘 통하고, 의도를 파악하기 위해 힘들게 깊이 생각하지 않아도 되고……."

02

권력 의지를 가져라

팀워크 능력이 가장 중요하다?

정말 그런 것처럼 보인다. 활기찬 팀 분위기 속에서 자유롭게 정보가 교환되고 퍼지는 세계화된 지식사회에서는 바로 팀워크 능력이 부서, 회사, 기관, 공장을 발전시키는 것처럼 보인다. 많은 기업들이 팀워크 능력의 성스러운 깃발을 힘차게 흔든다. 그러나 나는 때때로 팀워크 능력이 생산적으로 투입되는 것을 넘어 팀 이데올로기로 변할 수 있겠다는 인상을 받는다. 그리고 대단한 사회성을 타고난 것처럼 보이는 여자들이 쉽게 이데올로기 함정에 빠지는 것 같다. 유능하고 사람들과도 잘 지내고 모두에게 칭찬받지만 어느 지점에 다다르면 더는 승진을 못 하는 경우가 종종 있다. 그 까닭은 한 다국적 기업의 여성 팀장이 어느 저녁에 바에서 말한 것처럼, 충분히 '터프'하지 못했기 때문이다. 능력은 충분했으나 '터프'하지 못했기 때문에 승진을 못 했다. 그렇다면 전 세계의 기업들이 높이 평가하는 팀워크 능력은 무엇이란 말인가? 여성 팀장의 대답은 명확했다. 팀워크 능력은 확실히 직장생활에 필요하다. 그러나 계속 승진하여 높은 자리까지 오르려면 팀워크 능력 이외에 의사관철 능력과 최고가 되려는 권력 의지가 있어야 한다.

경영컨설턴트와 심리학에서 우리는 '공식 의제official agenda'와 '숨겨진 의제hidden agenda'에 대해 말한다. 이것은 '공식적으로 표현된 메시지'와 '숨겨진 메시지'를 뜻한다. 그리고 애석하게도 회사에서 훨씬 큰 무게를 갖는 것은 공식적인 메시지가 아니라 숨겨진 메시지다. 매우 엄격한 윤리를 내외적으로 강조하는 기관이나 회사에서도 마찬가지다. 대형교회, 노동조합 혹은 정당이 운영하는 소위 '경향기업', 공식적으로 오로지 지적인 능력만 보는 대학이나 직업훈련기관, 여성 지원 프로그램이나 '경영 다양성'을 추구한다고 공표하는 대기업, 그리고 자칭 유일하고 독보적인 보도 능력을 가진 언론들 말이다.

당연히 '공식 의제'는 이런 조직들의 자기 이해에 대단히 중요하다. 그리고 역사적으로 볼 때 이런 조직들은 확실히 '공식 의제'에 맞게 발전했다. 그러나 안내 책자나 웹사이트에 글로 명시되었다는 이유만으로 '공식 의제'가 저절로 실현되리라 믿는 건 순진한 생각이다. 애석하게도 나는 여성 의뢰인들을 통해 너무 자주 확인해야 했다. 높은 연봉을 받는 유능한 여성들이 이런 '공식 의제'를 곧이곧대로 믿다가 남성이 지배하는 조직에서 '숨겨진 의제'의 효과적인 공격에 직면하면 그대로 무너지고 말았다. 팀 회의에서 그들이 뭔가 이야기를 할 때마다 남자 직원들이 계속 시계를 봐도, 그들은 우연일 거라 믿고 싶었을 것이다. 남자 직원이 회의 때마다 매번 늦게 와도 절대 나쁜 의도가 있을 거라 생각하지 않았고, 여성 팀장이나 동료가 이야기할 때 과도하게 큰 소리로 노트북 자판을 두드려도 그러려니 넘어갔을 것이다.

그러나 내 말을 믿어라. 그것은 결코 우연이 아니다. 그들은 지금 서열에서 누가 어디에 있는지 시험해보기 위해 권력 대결을 하는 중이다. 이것은 남자들 세계에서 흔히 있는 일상이다. 이때 공식적인 회사 정책이 무엇이냐는 상관없다. 정말 불공평하다. 그리고 여기는 불공평한 세계다.

그러므로 미래가 밝은 직장 생활을 하려면 숨겨진 메시지를 제때에 파악해야 한다. 그러지 못하면 공식적인 메시지만 움켜쥐게 된다. 그러나 이런 공식적인 메시지는 구체적인 사무실, 회의실, 고객 상담, 주주총회 등에서 계속 인용만 될 뿐 실제로 실현되지는 않는다. 회사의 공식적인 정책은 주로 하이토크 단계에서 실질적인 영향력 없이 등장하지만, 숨겨진 진짜 정책은 스몰토크와 무브토크를 통해 관철된다.

공격과 권력

몇 년 전부터 나는 직업적 잠재력을 주제로 고등학생들과도 워크숍을 열고 있다. 학생들은 다양한 검사와 훈련 결과를 통해 어떤 직업에 재능이 있는지 알게 된다. 이때 결과를 받고 당황해하는 학생과 부모들이 어김없이 등장한다. 예를 들어 한 여학생이 경영 자질이나 리더십 같은 결과를 받았을 때가 그렇다. 그러나 그런 결과를 받고 당황하는 남학생이나 부모들은 한 명도 없었다.

이와 관련하여 토론해보면, 여학생들은 검사 결과가 자신이 생각했던 미래나 다른 사람이 기대하는 미래와 일치하지 않는다고 말한다. 그들은 장래 직업을 생각할 때 경영자나 리더를 고려해본 적이 한 번도 없다. 사회복지와 관련된 일이나 연구직 혹은 '사람들과 관련된' 일을 주로 생각했다. 리더

나 경영이라는 말은 어쩐지 돈과 권력을 좇는 뻔뻔한 속물 같고 지배나 억압의 느낌이 난다고 한다. 여대생들과 토론을 할 때도 마찬가지다. 그들은 리더와 관련된 개념들을 폄하했다. 마치 언젠가 누군가가 여자들에게 리더에 대한 생각과 표현을 금지시켰고 오늘날까지 그것이 유지되고 있는 것 같다.

심리학자이자 경영컨설턴트인 크리스티네 바우어-옐리네크Christine Bauer-Jelinek는, 기업들이 여직원들의 '소프트 스킬'을 대대적으로 칭송함으로써 여직원의 능력을 잘못 평가하는 결과를 초래했다고 지적한다.

"여직원들은 경청 능력, 팀워크 능력, 협력, 투명성, 자율성 등에서 뛰어나다고 인정받는다. 그러나 의사관철 능력, 전략적 사고와 태도 같은, 점점 더 중요해지고 성공에 결정적인 필수 자질에 대해서는 낮은 점수를 받는다."

여자들이 조화롭고 합당한 해결책을 내놓아도 그것은 소프트 스킬로 평가된다. 그러므로 직장 여성들이 피하지 말고 적극적으로 논쟁해야 하는 두 개념이 있다. 직장 생활에서 엄청난 무게를 가지고 있지만 여직원들이 종종 과소평가하는 두 개념, '공격'과 '권력'.

'공격'이라는 말에서 여러 부정적인 연상들이 떠오르는데, 사실 그것은 어원과 맞지 않다. '공격aggression'은 '다가가다'라는 뜻의 라틴어 동사 'aggredi'에서 나왔다. 이 낱말에 '공격'

의 의미가 담긴 것은 언어사적으로 상당히 나중일 것이다. 'aggredi'는 누군가에게 가까이 다가가 거리를 좁힌다는 뜻이다. 이런 중립적인 움직임이 어째서 불편한 행동으로 이해되었을까? 간단한 실험 하나면 금방 알 수 있다.

약 10미터 간격을 두고 두 사람이 마주 선다. 그런 다음 한 사람이 마주 선 사람을 똑바로 보면서 규칙적인 보폭으로 천천히 다가간다. 아무리 늦어도 상대방이 코앞까지 다가오면, 반사적으로 한 걸음 뒤로 물러서게 된다. 이런 접근이 안정적인 거리를 무너뜨리고 그 과정이 공격처럼 느껴진다.

이런 의미에서 공격은 사람마다 다르게 느끼는 적합한 거리를 발견하는 일련의 과정이다. 또한 공격은 직접적이지 않고 결코 폭력과 같은 의미가 아니다. 오히려 중립적이고 일상적인 현상이다. 사랑하는 사람이 가까이 다가가는 것은 긍정적인 공격이고, 위협하는 태도는 부정적인 공격이라 할 수 있다. 일반적으로 공격은 우리의 일상에 속한다. 그러므로 싸잡아 유죄 판결을 내리지 말고 당연한 것으로 이해해야 한다. 공격은 폭력으로 변질될 수도 있지만 또한 창의력을 증진할 수도 있다.

03 권력관계

권력은 일상적이고 사회적이다

직장 여성들이 특히 사용하기를 꺼리는 금기어가 바로 권력 언어다. 권력 언어는 회사와 맞지 않다고 생각한다. 그들은 권력을 철저히 근절해야 할 것, 그리고 오직 남자들에게만 해당되는 것으로 정의하고, 권력을 좇지 않는 여자들을 도덕적으로 더 높은 자리에 올린다. 그럼으로써 자신들이 소위 올바른 편에 있다고 확신하고, 직장에서 권력 같은 '나쁜 것'이 아무 구실도 못 하게 되리라 기대한다.

그러나 과연 그런 공간이 있기는 할까? 권력이 작용하지 않는 공간이 어떻게 가능할 수 있는지 나는 도저히 모르겠다. 직원이 단 두 명인 회사, 직원이 1만 명인 회사, 이윤을 추구하는 기술기업, 공공기업, 종교기관 그 어디에서도 권력은 작용한다.

여자들은 주변에서 벌어지는 권력 남용 때문에 권력과 관련이 있을 법한 모든 것을 재빨리 폄하하는 것 같다. 직원들이 굴복하고 동료들이 공격을 당하고, 거래처 사람들이 압박을 받고, 고객들이 과도한 이득을 챙기는 등 권력 남용이 너무 자주 목격된다. 여자들은 이런 나쁜 일에 관련되고 싶지 않다. 그런 권력을 가지는 것은 생각만 해도 거부감이 든다. 그러나 남용을 근거로 어떤 현상을 정의하는 것은 왜곡된 사고다.

실제로 권력이란 일상적이고 사회적인 현상이다. 어머니는 어린아이에 대해 권력을 가지는 것이 당연하다. 어머니가 권력을 이용해 아이를 괴롭힌다면 마땅히 그것은 권력 남용이라고 해야 한다. 그러나 어머니와 아이 사이에는 합법적이고 의미 있으며 보호 차원의 권력 사용도 분명이 있다. 또한 강조하건대 권력이 있어야 다른 사람에게도 권력을 줄 수 있다. 권력을 가진 자만이 다른 사람과 그것을 나눌 수 있다. 권력을 가지지 못한 자는 그것을 누구에게도 줄 수 없다. 힘을 가져야 비로소 다른 사람에게 힘을 줄 수 있는 것이다.

권력을 가졌다는 것은 무언가를 할 수 있는 상황, 구조를 짤 수 있는 상황에 있다는 뜻이다. 프랑스어에서 '푸브와 pouvoir'는 동사와 명사로 동시에 쓰이는데, 명사일 때는 '권력'을 뜻하고 동사일 때는 '무언가를 할 수 있다'는 뜻이다. 이런 의미에서 다음과 같은 주장이 가능할 것이다.

"권력 능력을 습득하는 것이 해방 활동이다."(바우어-엘리네크)

"권력은 악이 아니다."(미셸 푸코)

권력의 추구가 자동으로 권력의 질을 결정하지는 않는다. '어떤 의도'로 '어떻게' 추구하느냐에 달렸다. 또한 권력 역시 중립적이다. 그러나 '양날의 칼'일 수 있다. 미셸 푸코의 말을 빌리면 "권력 관계는 (……) 사회에서 완전히 벗어나기를 꿈꿀 수는 있겠지만, 결코 사회에서 벗어난 별개의 구조를 형성하지 않는다. 그러므로 사회 안에 산다는 것은 한 사람이 다른 사람의 행동에 영향을 미친다는 뜻이다. 권력 관계가 없는 사회는 그저 추상에 불과하다." 그리고 권력 관계가 없는 직장 역시 추상에 불과하다. 직장도 사람들이 상호작용하는 사회이기 때문이다. 도덕적으로 중요하지 않아 보인다는 이유만으로 권력을 멀리하려는 여자들은 도덕적 수준이 그들보다 낮은 누군가가 권력을 갖는다고 불평해서는 안 된다. 점검하고 통제하는 체계가 없을 때 비로소 권력은 문제가 된다. 스스로 정기적으로 하는 자기 성찰, 회사의 정책에 따른 기관의 점검, 전문가를 통한 정기적인 피드백 등이 권력을 통제할 수 있을 것이다. 개인적으로 사용한 권력은 기본적으로 금방 드러나게 되어 있다. 그러나 조직적으로 사용한 권력은 종종 통찰하기가 어렵다.

자신의 욕구를 관철하라

보스코비치는 농림수산부에서 일하는 공무원이었다. 동료들은 모두 남자였고 그녀의 상사는 오랫동안 이 부서에서 일했다는 이유만으로 그 자리에 오른 무능한 농업경제학자였다. 보스코비치는 개발 보조업무로 몇 년간 외국에 파견되었다가 다시 독일로 왔고 농림수산부로 발령받아 이 부서로 왔다. 그리고 그녀는 매우 불행했다. 그녀를 환영하는 사람이 아무도 없었기 때문이다. 그녀가 오기 전에 이미 모든 업무와 책임 영역이 배분되었다. 보스코비치가 일주일 만에 간파했듯이, 대충대충 허술하게 진행되는 업무가 많은데도 아무도 보스코비치의 도움을 기대하지 않았다. 그들은 이것을 노골적으로 표현했다. 우선 보스코비치는 출근한 지 2주가 지난 뒤에야 상사에게 인사를 할 수 있었다. 상사는 제대로 된

설명도 없이 업무를 지시했다. 그녀가 그 업무들을 잘 끝내면 작은 꼬투리라도 잡아 매번 잔소리를 했다. 어떨 땐 그녀의 잘못이 아닌데도 상사가 아닌 남자 동료가 공개적으로 그녀를 지적하기도 했고, 직원들은 그걸 지켜보며 즐거워했다. 보스코비치는 인정받기 위해 그리고 업무 영역을 탈환하기 위해 긴 싸움을 시작해야 했다. 매일 논쟁해야 했고 라이벌 대결이 끊임없이 이어졌다. 인내심이 필요한 장기전이었다.

나와 개별 훈련을 하기로 한 후 두 번째 만났을 때 그녀는 좋은 생각이 났다며, 명상 교육을 받겠다고 말했다. 그게 무슨 소리인지 나는 바로 이해하지 못했다. '명상 교육? 일을 그만두고 명상원을 차릴 생각인가? 명상을 한다고 갈등이 사라질까?' 그녀는 직장에서의 갈등을 해결할 뾰족한 대안이 없었다. 그래서 명상으로 마법의 보호막을 쳐 남자 직원들과의 갈등을 좀 완화시킬 생각을 했던 것 같다. 이런 생각을 가진 여자들이 점점 많아지고 있다.

명상은 실제로 효과적인 갈등 해결책일 수 있다. 단, 갈등 당사자 모두가 명상을 하는 제삼자의 도움을 받아 토론할 준비가 되었을 때만 그렇다.

그러나 한쪽이 명상에 전혀 관심이 없을 뿐 아니라 자신의 권력을 강력하게 주장하는 사람이라면 전투가 시작되기도 전에 명상은 이미 실패로 판명된다. 갈등에 직면한 여자들이 권력 논쟁을 피하기 위해 명상을 배우려고 한다면 그들은 결코 권력 문제를 해결할 믿을 만한 방법을 찾지 못할 것이다.

명상을 도구로 하려는 생각은 하버드대학에서 개발한 '담판이론'의 영향을 꾸준히 받았다. 담판이론에 따르면 담판에 임하는 사람은 '윈윈 상황'을 찾아야 하고 양측의 욕구를 서로 표현하여 공통된 욕구를 찾아내는 것이 담판의 시작이다. 이때 공통된 욕구가 존재한다는 것을 기본 전제로 하기 때문에 기본적으로 합의가 가능하다고 믿는다. 바로 이것이 권력 주제와 마주한 여자들이 쉽게 빠지는 함정이다. '윈윈 상황'을 찾아내기만 한다면야 그보다 더 좋을 수는 없을 것이다. 그러나 여자들이 남자들을 상대로 자신의 능력을 증명하고 연봉 인상이나 권력 요구를 논리적으로 설득하려면 긴 논쟁이 필요하다. 논쟁 없이 관철되기를 바라는 것은 제 발로 함정에 들어가는 격이다.

직장에서 남자들과 맞서는 경쟁이나 갈등 상황에서 모든 이해심을 동원하여 상대방의 좋은 면을 거론하는 것은 패배자가 되는 지름길이다. 여자들이 가장 잘 빠지는 위험한 함정이 바로 이것이다. 어쩌면 상대방 남자가 언젠가는 정말로 그런 좋은 면을 보이게 될지도 모른다. 하지만 그런 날이 언제가 될지 모른다. 그때까지는 자신의 욕구를 정확히 표현하지 않는 사람이 패배할 수밖에 없다. 자신의 욕구를 합법적으로 관철시키는 것을 목표로 하지 않고 소위 수준이 높다는 '평화로운' 해결책을 찾으려는 사람은 결국 빈손으로 돌아갈 것이다. 그리고 곧 패배자가 될 것이다.

보스코비치가 평생을 이 부서에서 남자들과 대결하며 직장 생활을 할 필요는 없다. 그러나 소위 명상의 부드러운 세계로 잠시 피신하는 것은 장기적으로 그녀에게 전혀 도움이 되지 않을 것이다. 달리 보면 그녀는 지금 권력에 대해 배울 좋은 기회를 얻었다. 이 기회를 이용하지 않을 이유가 뭐란 말인가.

제 11 장
오만의 비용

권력 대결에
동참하라

01

'번 아웃' 벗어나기

조화욕구를 극복하라

여성이 권력 대결을 한정적 의미로만 이해하고 동참하기를 거부한다 해도 조직 생활을 하는 한 권력 대결과 무관하게 지낼 수는 없다. 권력 대결에 동참하지 않는다고 해서 그 결과와도 무관한 건 아니기 때문이다. 그러나 여성이 권력 대결에 적극적으로 동참하면 오히려 자신이 가진 자원을 효율적으로 활용하는 법을 알게 될 것이다.

    나는 의뢰인의 내적 동기 수준을 분석하는 검사를 종종 진행한다. 교류분석 이론을 기반으로 하는 간단한 검사로, 어떤 내적 명령이 특히 강하게 각인되었는지를 알려 준다. 많은 여성들에게 특히 강하게 각인된 명령은 '다른 사람 마음에 들도록 행동하라'였다. 물론 이런 명령에는 생산적인 면도 있다. 다른 사람의 욕구에 대한 공감 능력은 많은 직종에서 중요한 의미를 갖는다. 그러나 이런 명령은 또한 어둡고 파괴적으로 발전할 수 있다. 아침부터 저녁까지 줄곧 주변 사람들이 원하는 것만 살핀다면 자신의 욕구는 물론이고 자기 자신마저 잊을 수 있기 때문이다. 데보라 태넌의 연구를 생각하면 많은 여성의 내면에 이런 명령이 강하게 각인된 것은 전혀 놀랍지 않다. 이것은 모두의 체면을 세워주는 수평적 의사소통과 잘 어울린다. 그리고 바로 이것이 책임 있는 자리에 있는 여자들을 힘들게 한다.

정기적으로 큰 회의를 이끌어야 하는 여의사가 '다른 사람 마음에 들도록 행동하라'는 명령을 따른다면 과연 무엇을 할 수 있을까? 그녀에게는 큰 회의를 이끄는 일부터가 아주 힘든 일이었고, 그래서 그녀는 나를 찾아왔다.

회의 참석자들은 저마다 원하는 것을 얻어 가지만, 과장 의사로서 회의를 이끌었던 그녀만 아무것도 관철시키지 못했다고 한다. 이런 내적 과정은 '조화욕구' 혹은 조금 더 강하게 말하면 '조화욕구 중독'이라고 부를 수 있다. 조화욕구 중독 뒤에는 잘못된 생각 두 가지가 버티고 있다. 첫째, 나는 모든 사람의 사랑을 받아야만 한다. 둘째, 나의 욕구만 강조하면 사랑받지 못할 것이다.

나는 여기서 심리학자를 자처하며 이런 잘못된 명령이 각인된 원인을 그녀의 유년기에서 찾고 싶지는 않다. 다만, 한 가지는 묻고 싶다. 다른 사람의 마음에 들고 싶은 욕구를 가지고 직장에서 권력을 차지하고 권력을 행사할 수 있을까? 이런 마음 자세로는 결코 권력을 얻을 수 없다.

이것을 극복하고 권력을 얻으려면 무엇보다 자기 자신을 돌보는 것부터 시작해야 한다. 자아를 잊게 만드는 이런 명령에 맞설 해독제가 필요하다. 나사렛 예수가 정확한 해독제를 보여주었다. 예수가 말한 사랑을 대부분은 '이웃을 사랑하라!'는 말로 기억할 것이다. 그걸로 문장이 끝난다고 알고 있다.

그러나 원래 성경 구절에서는 그렇게 끝나지 않는다. 예수는 '이웃을 사랑하라'고만 하지 않고 '너 자신처럼'(마태오 복음 23장 39절)이라고 요구한다. 특별한 신앙심으로 뒷부분이 기꺼이 지워졌으나, 뒷부분이 더해져야 본래 의미가 산다. 예수의 요구를 뒤집어 해석하면 명확한 경고가 된다. 자신을 사랑하지 않는 사람은 사랑의 권리를 이웃에게 넘길 수밖에 없다. 그러므로 권력을 행사해야 할 위치에 있는 여성에게는 '너 자신처럼'을 실제로 어떻게 적용하느냐 하는 문제는 대단히 중요하다.

여의사는 다음과 같은 문장을 작은 메모지에 적어 두고 회의를 시작하기 전에 항상 마음에 새겼다.

"이제부터 다른 사람이 아니라 오직 나만 중요하다!"

조화욕구에 중독된 사람은 우선 이런 자세부터 배워야 한다. 그리고 이것은 확실히 효과가 있다. 걱정하지 말라. 조화욕구가 각인된 여자들은 자신의 욕구에 귀를 기울이라는 이야기를 듣자마자 두려움이 생기기 때문에 결코 이기적인 사람이 될 수 없다. 아무튼 여의사는 절대 이기적인 사람이 아니었다.

전산정보학자 랜디 퍼시Randy Pausch는 다른 사람을 먼저 돌보는 이런 강력한 친절을 잘 알았다. 이런 사람들에게 그는 생애 최고의 명언을 남겼는데, 그것은 바로 기내방송으로 나오는 비상시 안전수칙과 같다.

"먼저 본인의 산소마스크를 쓴 다음, 다른 사람을 도우십시오."

다른 사람 먼저 도운 후에 자신의 호흡을 돌보는 사람의 운명이 어떻게 될지는 말하지 않아도 뻔하다. 자신을 잊고 남부터 도운 이런 사람들은 생존 기회를 잃고 말 것이다. 이 안전수칙은 조화욕구에 중독된 여자들, 상사가 되었거나 될 예정인 여자들에게 좋은 조언이 된다.

권력을 행사하면서도 건강한 영혼을 간직한 사람들의 사례를 찾던 중 나는 좋은 글을 만났다. 나는 이 글을 조화욕구에 중독된 여러 의뢰인에게 추천했다. 중세 초에 기록된 글인데, 읽을 때마다 감동받는다.

1150년경 베른하르트 폰 클레르보는 교황 에우제니오 3세로 선출된 옛 제자에게 긴 글을 남겼다. 공간적 거리가 있었지만 베른하르트는 제자가 교황의 직분 때문에 거의 쓰러지기 직전임을 잘 알았다. 모두가 교황에게 무언가를 원했고 교황은 또한 모두에게 무언가를 주었다. 그러나 교황 자신을 위한 것은 아무것도 없었다. 그래서 베른하르트는 옛 제자에게 진심 어린 우정으로 다음과 같이 조언했다.

"그대는 모두를 위해 그 자리에 있으려는가. (……) 그렇다면 나는 그대의 인간적인 희생에 찬사를 보낸다. 오직 그 희생이 완벽할 때만. 그러나 그대 자신이 제외되었다면 과연 그 희생이 완벽하다 할 수 있을까? 그대 또한 한 인간이다. 만일 모든 사람이 그대를 소유한다면 그대 또한 그들 중 하나가 되어 그대 자신을 소유하라. 그대의 희생을 어찌하여 그대만 누리지 못하는가. (……) 그대의 희생으로 모두가 자기 자신을 맞이하는데 그대는 언제까지 자신을 외면하려는가. 축복받은 그대, 현명하면서 어리석은 자여, 어찌하여 자기 자신을 거부하는가. 어리석은 자와 똑똑한 자, 얽매인 자와 자유로운 자, 부자와 가난한 자, 남자와 여자, 늙은이와 젊은이, 성직자와 평신도, 정의로운 자와 신을 모르는 자, 모두가 그대의 일부를 가졌고 모두가 그대 가슴의 우물을 공동 우물인 양 맘껏 마신다. 오직 그대만이 목마른 채 옆에 서 있으려는가. (……) 스스로에게 악한 자가 누구를 위해 선할 수 있을까.

그러니 잘 생각해보라. 항상 그러라고 말하지 않는다. 자주 그러라고도 말하지 않는다. 다만 가끔 그대 자신에게 휴식을 주어라. 그대 자신에게 좋은 일을 하라. 다른 모든 사람들에게 할 때 혹은 그들에게 한 다음에 그대 자신에게도 좋은 일을 하라. 그 정도는 요구해도 되지 않겠는가."

중세시대 수도자이지만 사고방식은 우리와 다르지 않다.

"모두가 그대 가슴의 우물을 공동 우물인 양 맘껏 마신다."

리더 자리에 있는 여러 여성들이 바로 이렇게 느낀다. 교사, 경영자, 팀장, 병원장, 보육교사, 기업인, 어머니, 모두가 이런 기분을 안다. 필요한 사람이 되는 건 좋은 일이다. 그러나 너무 많이 희생하여 자신을 위한 것이 하나도 남지 않았다면 끔찍한 일이다. 이것을 우리는 '번 아웃'이라 부른다.

결정 압박, 라이벌 대결, 온갖 강압에 굴하지 말고 성실하게 자기 자신에게 휴식을 주어야 한다. 가장 중요한 고객은 자기 자신이다. 가장 중요한 상사는 자기 자신이다. 성공을 결정하는 심판 역시 자기 자신이다. 자기 자신이 더는 영양분을 얻지 못하면 직장에서의 미래나 오만의 전략이 다 무슨 소용이겠는가.

북서항로를 발견한 존 플랭클린, 리더의 과제를 수행하는 것이 쉽지 않았던 그는 자기 자신을 위해 이렇게 썼다.

"나는 사령관이다. 나는 그것을 털끝만큼도 의심하지 않는다. 무엇보다 나는 (……) 나 자신의 친구다. 나는 내 생각과 감정을 소중하게 여긴다. 그것을 위해 필요한 시간을 결코 허비하지 않는다."

그가 사령관이 될 수 있었고 사령관으로서 세계적으로 유명해진 것은 스스로의 친구일 수 있었기 때문이다.

02

나쁜 평판 뒤의 존중

직장은 다른 세계다

내가 정말로 모두를 제치고 내 주장을 펴게 되었다고 치자. 그럼 그다음엔 어떻게 될까? 내가 라이벌 대결을 훌륭하게 치르고 승진을 하고 몇 년 동안 싸웠던 남자들의 상사가 된다면 그다음엔 어떻게 될까? 내가 권력 상징과 영역 신호에 반사적으로 반응하고 의식적으로 활용하며 권력 언어를 시기적절하게 구사하고 오만함을 보일 수 있다면, 한마디로 영향력 있는 리더가 되면 그다음엔 어떻게 될까?

물론 모든 사람의 사랑을 받지는 못할 것이다. 이것은 여성뿐 아니라 남성도 마찬가지다. 그리고 모두가 이런 상황에 잘 대처하는 것도 아니다. 리더는 외로울 수밖에 없다. 상대방이 나를 한 인간으로 좋아하는 건지, 그저 혜택을 기대할 수 있고 힘 있는 사람이기 때문에 아첨하는 것인지 항상 의심하게 되기 때문이다. 동료의 진짜 의도를 파악하는 것이 쉽지는 않다. 그들은 정말로 나와 공감하는 걸까? 아니면 당분간만 전략적으로 연대하는 척하는 걸까? 내가 왜 이렇게 행동하는지 직원들이 정말로 이해할 수 있을까? 내가 단지 허영으로 오만하게 구는 것이 아니라 대외적으로 직원들을 대표하기 위해 그러는 것이니 어쩌면 이해하지 않을까? 경험 많은 한 여성 컨설턴트가 직장 여성들을 겨냥하여 이런 충고를 주었다.

"무의식적으로 그리고 오랜 습관으로 가족 같은 관계와 분위기를 만들려 시도하게 되는데, 이것은 극복해야 할 장애다."

나는 여기에 하나를 더 추가하고자 한다. 가족과 직장을 혼동하지 말라. 가족이나 친척들과의 일상에서는 직장 생활과 달리 일거수일투족이 중계되지 않는다. 직장은 완전히 다른 세계임을 인식하고 또 그것이 정상임을 인정하라.

좋게 말하면 오해로, 나쁘게 말하면 들켜서, 결국 모두의 적이 될 수밖에 없는 결정을 내려야 할 때면 리더로서 느끼는 외로움은 견딜 수 없이 힘들 것이다. 아무리 좋은 의도였고 모두에게 그것을 납득시키려 애를 써도 소용이 없다. 최악의 경우에는 외로움을 넘어 미움을 받게 된다. 회사 정책 중에는 억울한 평판을 남기는 것들이 있다. 전용 주차구역을 방어한 마이어, 현장감독을 궁지로 몬 두르비크, 알코올중독자를 굴복시킨 뮐러비트. 뒤에서 이들을 욕하는 사람이 틀림없이 있을 것이다. 욕의 수준이 '재수 없어' 정도면 그나마 양호한 편이리라. 두르비크, 마이어, 뮐러비트처럼 행동해야 함을 깨닫는 순간 여자들이 가장 먼저 걱정하는 것이 바로 이런 나쁜 평판이다.

그러나 지금 우리가 다루고 있는 갈등은 친구나 연인과의 감정싸움이 아니라 직장에서 벌어지는 대결이다. 대결에서 패배한 남자는 승리한 여자를 욕한다. 그러나 욕 뒤에 감탄과 존중이 섞여 있는 경우가 많다. 대결에서 여자가 승리했고, 상대방이 이런 욕을 한다.

"와, 뭐 저런 무식한 여자가 다 있어! 도저히 상종 못 할 여자군……."

이런 말을 남자가 들었다면 그는 결코 괴로워하지 않는다. 오히려 훈장처럼 가슴에 달고 산다. 내가 아는 남자들 중에도 벌써 여럿인데, 그들은 방금 인사를 나눈 직원이나 상대방에게조차 이런 기분 나쁜 욕이나 일화를 의도적으로 유머

러스하게 대화에 끼워 넣는다. 그들은 자기가 들은 욕을 가상의 명함처럼 사용한다.

"직원들 사이에서 깐깐한 개로 불립니다."

그러면 직원들이 미처 모르고 있는 자신의 새로운 면모를 보여줄 기회가 생긴다.

"하지만 그 깐깐한 개가 가끔 시도 쓴답니다."

상대방은 잠재된 메시지를 명확히 전달받는다.

남녀 구분 없이 지위가 높은 사람은 직원들의 표적이 될 수밖에 없고, 이 표적에 항상 올바른 정보만 꽂히는 건 아니다. 그러나 이것은 집단 시스템의 일부로서 등 뒤에서 흉을 볼 수 있으려면, 그래서 집단이 건강하게 유지되려면 누군가는 표적이 되어야 한다. 그리고 조직은 결코 여성에게만 적대적이지 않다. 조직에서 맡은 역할에 맞게 권력을 행사하는 여성은 양분된 평판을 동시에 받을 수 있다. 나쁜 평판은 권력을 행사하려면 지불해야 하는 비용이다. 기업 구조개선을 성공적으로 마친 몇 안 되는 여성들 중 한 명에게 구조개선 이후에 자주 듣게 되는 양분된 평판에 관해 묻자 그녀는 이렇게 대답했다.

"총알 하나 더 챙겨 넣고 가던 길을 계속 가야죠."

그것도 괜찮은 방법이다.

제 12 장

오만의 십계명

남자에게 존중을
가르치는 법

01

경기는 경기일 뿐

다른 성별의 언어 이해하기

당연히 끝이 안 좋은 경기도 있고, 처음부터 끝까지 반칙이 난무하는 경기도 있다. 그러나 또한 정정당당하게 진행되어 승리로 끝나는 경기도 있고 패배하는 경기도 있다. 패배로 끝났다고 해도 상대가 아주 강한 힘든 경기였기 때문에 패배마저도 자랑스러울 수 있다. 경기 참가자 모두가 최선을 다해 경기에 임하고 최고의 실력을 발휘할 때 그 경기는 성공적이라고 할 수 있다.

직장에서 생기는 남녀 갈등을 경기로 이해하면 대처하기

가 훨씬 쉽다. 입으로 하는 '아니요'는 어쩌면 진짜 '아니요'가 아닐 수 있다. 무언의 긍정이 논리적 주장보다 더 큰 의미를 가질 때가 많다. 직장 여성들이여, 내가 이 책에서 지금까지 이야기했던 모든 갈등, 즉 직장에서 펼쳐지는 라이벌 대결을 너무 심각하게 받아들이지 말라. 물론 권력, 돈, 영향력, 정치, 지위를 다루는 일이다. 하지만 계산된 음모나 악의적인 파괴 전략은 생각보다 훨씬 드물다.

직장 생활에서 무브토크, 스몰토크, 하이토크라는 세 단계의 의사소통을 고려하는 것이 매우 힘들어 보일 수도 있다. 그러나 꼭 그렇지만도 않다. 하이토크에 능숙한 여성들이여, 부디 단계 교체를 수준 저하나 존엄성을 버리는 것으로 오해하지 말고 현실에 적용하라. 단계 교체는 행동 가능성을 확장하는 것이다. 내가 자주 쓰는 피아노 연주 비유로 말하면, 예를 들어 세 옥타브 건반만 쓰는 사람이 있다고 가정해보라. 그는 오래전부터 피아노를 쳐왔고 즉흥연주를 할 수 있을 만큼 실력도 뛰어나다. 세 옥타브로 열심히 연습하여 세계 최고의 연주자가 될 수도 있다. 그러나 자의든 타의든 언젠가는 익숙한 세 옥타브 오른쪽에 한 옥타브가 더 있다는 걸 발견하는 날이 올 것이다. 그리고 놀랍게도 왼쪽에도 한 옥타브가 더 있다. 새로 발견한 옥타브까지 포함하여 연주를 하는 것이 아마도 처음에는 어색할 테지만 시간이 지나면서

음악이 더 풍부해짐을 경험할 것이다. 그리고 다시 한번 강조하는데, 큰 피아노에는 옥타브가 훨씬 더 많다.

직장에서의 남녀 의사소통도 마찬가지다. 의사소통의 세 단계를 잘 다루는 것에 그치지 않고 상황에 따라 자유자재로 유연하게 교체할 줄 알아야 한다.

직장인은 두 개의 언어를 할 줄 알아야 한다. 특히 리더가 되고 싶거나 이미 리더 역할을 맡은 사람이라면 더욱 그러하다. 다른 성별의 언어를 이해하는 것은 훌륭한 영어 실력보다 확실히 더 큰 의미를 갖는다.

다른 성별의 언어를 배우는 것은 외국어를 배우는 것과 똑같다. 두꺼운 사전을 늘 지니고 다니기는 번거롭고 힘들다. 그래서 중요한 어휘나 문법의 요약본을 가지고 있는 게 종종 큰 도움이 된다. 외국에 갈 때 나는 지도책이 아니라 내가 알아볼 수 있는 약도를 챙긴다. 길을 찾아다니기에는 약도가 훨씬 유용하기 때문이다. 이제부터 할 이야기는 그런 요약본, 약도다.

나는 이것에 '오만의 십계명'이라는 이름을 붙였다. 이것은 일종의 훈련 안내서다. 남자들을 모조리 깔아뭉개기 위해서가 아니라, 경기를 전체적으로 더 활기차고 더 멋지게 구성하기 위해서다. 약한 남자들은 양분된 감정을 느끼겠지만, 강한 남자라면 곧 있을 경기를 벌써 기대하고 있을 것이다.

02 오만의 십계명

> **제1계명** 모든 것을 너무 심각하게 받아들이지 말라

남자들과의 갈등은 생각보다 훨씬 자주 오해에서 비롯된다. 회사에서 벌이는 남자들의 권력 게임은 대개가 정말로 게임일 뿐이다. 어쩌면 당신이 보기에 약간 유치해 보일 수 있는 게임. 그러나 당신이 게임 규칙을 안다면 많은 수고와 마음의 고통을 덜 수 있을 것이다. 누군가 당신을 공격했다는 이유만으로 바로 우울해지지 말아야 한다. 오히려 더 당당하게 고개를 들고 방어 전략을 짜야 한다. 우울하게 있는 것보다 방어 전략을 짜는 편이 에너지 활용에도 더 낫다.

> 제2계명 | 권력 의지를 가져라

권력을 차지할 충분한 능력이 있다면 적극적으로 요구하라. 어차피 당신에게 적합한 자리라면 왕관을 들고 올 왕자를 기다리지 말라. 자신을 드러내고 높이기를 꺼리지 말라. 그것은 부끄러운 일이 아니다. 당신을 드러내고 돋보이게 할 때 비로소 사람들이 당신을 보기 때문이다. 가만히 있으면 그 누구도 보지 않는다. 당신이 원하는 것을 외면하거나 영향력을 행사하고 싶은 욕구를 스스로 누르지 말라. 많은 사람들이 단지 오래 일했다는 이유만으로 높은 지위에 오른다. 이것만 믿고 기다리기만 해서는 안 된다.

> 제3계명 | 필요하다면 무례하게 행동하라

예의를 버리라는 이야기가 아니다. 모든 것에는 때가 있다. 누군가 당신을 면전에서 공격한다면 그럴 만한 이유는 있겠지만, 분명 예의는 없다. 정말로 무언가를 이루고자 한다면 그리고 필요하다면 다른 사람과 다투어도 된다. 올바른 것처럼 보이지만 처음부터 당신에게 불리한 규칙 따위에 신경 쓰지 말라. 모든 경기 규칙이 당신에게 유리할 수는 없다. 타당한 근거를 가졌다면 경기장을 뒤집어엎어도 된다.

제4계명 | 목소리를 의식적으로 바꾸어라

때로는 목소리가 내용보다 더 중요하다. 남자들에게 말할 때는 평소보다 훨씬 천천히 말하는 것을 잊지 말라. 또한 목소리를 날카롭게 내도 된다. 당신은 지금 멋진 목소리의 주인공을 뽑는 오디션에 참가한 것이 아니다. 당신은 원하는 것을 얻기 위해 큰 소리를 내도 된다. 몹시 듣기 싫게 울릴지라도.

제5계명 | 당신의 역할을 진지하게 여겨라

역할에만 충실하면 사람들에게 미움만 받게 될 거라는 이야기에 신경 쓰지 말라. 남자 직원을 상대로 당당하게 당신의 지위를 보여라. 그리고 당신의 역할과 어울리는 외양을 갖춰라. 당신의 능력을 의심할 여지를 주어서는 안 된다. 당신의 능력을 증명해야 할 사람은 오직 당신뿐이다.

제6계명 | 의사소통 단계를 뒤죽박죽으로 섞지 말라

공격을 미소로 받을 수 있다면 기본적으로 이런 일은 벌어지지 않을 것이다. 명심하라. 자세, 시선, 표정, 몸짓, 모든 것이 무기다. 이런 것들이 합쳐져 당신을 강하게 만든다. 논리적인 말로 남자들을 이기려는 생각을 버려라.

제7계명 | 영역을 방어하라

남자들의 영역 감수성을 배워라. 당신에게 필요한 당신의 영역을 확보하고 이 영역이 침범되면 비록 유치해 보이더라도 적극적으로 방어해야 한다. 한번 영역을 뺏기고 나면 원래 당신의 영역이었다고 해도 쉽게 탈환할 수 없다. 사무실이 배정될 때 즉시 행동해야 한다. 구석으로 쫓겨난 다음에는 이미 늦었다.

제8계명 | 남자들이 남장한 여자일 거라고 착각하지 말라

아니다. 그들은 남장한 여자가 아니다. 차라리 그들을 먼 나라에서 온 외국인이라고 생각하라. 주류를 이루는 성별이라고 해도 그들은 외국에서 온 낯선 사람들이다. 그러나 당신도 그들에게는 똑같이 외국인이다. 그렇기 때문에 그들은 다르게 의사소통한다. 남자 아군은 여자 아군과 다르다. 그리고 남자 적군은 여자 적군과 완전히 다르다.

> **제9계명** 능력을 자유자재로 바꿀 수 있어야 한다

팀워크 능력에서 리더 자질로, 반대로 리더 자질에서 팀워크 능력으로 유연하게 바꿀 수 있어야 한다. 당신이 소위 사회적이고 팀워크 능력이 높다는 이유로 사람들에게 이용당하지 말라. 팀워크 능력을 인정받을지는 모르지만, 성공은 당신에게서 멀어진다. 다른 여자들이 무례하다고 욕하더라도 권력 행사를 주저해서는 안 된다.

> **제10계명** 지위 상징을 요구하라

같은 지위의 남자가 갖는 지위 상징이라면 토론할 필요도 없이 당신도 요구할 권리가 있다. 남자 동료들이 큰 자동차, 높은 연봉을 가졌을 때 무심하게 넘어가선 안 된다. 그리고 당신의 업무에 중요하지 않다는 이유로 그런 것들을 포기해서는 안 된다. 특히 돈에 관해서는 더욱 더 안 된다. 힘들고 책임이 높은 일을 하고도 당신은 같은 일을 한 남자들보다 적게 돈을 받는가? 단단한 보호대를 차고 당신의 빠른 주먹을 날려보라. 당신은 존중받게 될 것이다. 특히 남자들로부터.

| 참고문헌 |

· 공동번역 성경

· Clairvaux, Bernhard von, Was ein Papst erwägen muss (De consideratione ad Eugenium Papam), 아인지델른 1985.

· Farrelly, Frank, Provocative Therapy, 카피톨라 1994, 여덟 번째 개정판.

· Johnstone, Keith, Improisation und Theater. Die Kunst, spontan und kreativ zu agieren, 베를린 2002.

· Homer, Ilias, W. Schadewaldt의 새 번역본, 프랑크푸르트암마인 1975.

· Macciavelli, Niccolò, Principe/Der Fürst, 이탈리아어/독일어, Philipp Rippel 번역 및 엮음, 슈투트가르트 2007.

· Moreno,J.L., Psychodrama und soziometrie. 요약본, Jonathan Fox 엮음, 쾰른 2001, 두 번째 개정판.

· Sun Tsu, Die Kunst des Krieges, J. Clavell이 서문을 넣어 엮음, 함부르크 2008.

· Baumeister, Roy F., Is There Anything Good About Men?, 2007년 미국심리학회에서 한 연설, 미디어 트랜스크립트 풀 버전.

- Bischoff, Sonja, Wer führt in (die) Zukunft? 독일의 경제계의 남녀 리더 - 네 번째 연구, 빌레펠트 2005.
- Hartmann, Michael, Der Mythos von den Leistungseliten. Spitzenkarrieren und soziale Herkunft in Wirtschaft, Politik, Justiz und Wissenschaft, 프랑크푸르트/뉴욕 2002.
- Mayrhofer, Wolfgang 외, Macht? Erfolg? Reich? Glücklich? Einflussfaktoren auf Karrieren, 빈 2005.
- Albert Mehrabian, Silent Messages, 워즈워스 CA 1971.
- Tannen, Deborah, The Power of Talk: Who Gets Heard and Why, 하버드 비즈니스 리뷰 1995년 9/10월호 138-148쪽.
- Zegers, Vera, Man(n) macht Sprechstunde. Eine Studie zum Gesprächsverhalten von Hochschullehrenden und Studierenden, 보훔 루르대학 논문 2004.
- Andrzejewski, Laurenz, Trennungs-Kultur. Handbuch für ein professionelles, wiertschaftliches und faires Kündigugs-Management, 뮌헨 2004, 두 번째 개정판.
- Asgodom, Sabine 엮음, Die Frau, die ihr Gehalt mal eben verdoppelt hat..., 뮌헨 2008.
- Bauer, Joachim, Warum ich fühle, was du fühlst. Intuitive Kommunikation und das Geheimnis der Spiegelneuronen, 뮌헨 2006, 다섯 번째 개정판.
- Bauer-Jelinek, Christine, Die geheimen Spielregeln der Macht, 잘츠부르크 2007.

- Bauer-Jelinek, Christine, Frauen und die neue Grammatik der Macht. Gespräch mit C. Bauer-Jelinek, 심리학 오늘 2008년 6월호 77-81쪽.
- Boal, Augusto, Therater der Unterdrückten. Übung und Spiele für Schauspieler und Nicht-Schauspieler, 프랑크푸르트암마인 1989.
- Bierach, Barbara, Warum es kaum Frauen im Management gibt. Über das dämliche Geschlecht, 뮌헨 2004.
- Eberspächer, Hans, Gut sein, wenn's drauf ankommt. Die Psycho-Logik des Gelingens, 뮌헨/빈 2004.
- Echter, Dorothee, Rituale im Management. Strategisches Stimmungsmanagement für die Business-Elite, 뮌헨 2003.
- Fisher, Roger 외, Das Harvard-Konzept. Der Klassiker der Verhandlungstechnik, 프랑크푸르트암마인 2004.
- Flume, Peter 외, Unternehmenstheater in der Praxis, 비스바덴 2001.
- Foucault, Michel, Analytik der Macht (Daniel Defert, Francois Ewald, Jacques Lagrangehg 엮음), 프랑크푸르트암마인 2005.
- Häusel, Hans-Georg, Brain Script. Warum Kunden kaufen, 플라네크 2006.
- Hahne, Anton 엮음, Kreative Methode in der Personal-und Organisationsentwicklung, 뮌헨/메링 2003.
- Hall, Edward T., The Hidden Dimension, 가든 시티 뉴욕 1966.
- Hall, Edward T., The Silent Language, 뉴욕 1973.
- Hemel, Ulrich, Wert und Werte. Ethik für Manager - ein Leitfaden für die

Praxis, 뮌헨/빈 2005.

· Hengel, Martin, Christus und die Macht. Die Macht Christi und die Ohnmacht der Christen, 슈투트가르트 1974.

· Hirigoyen, Marie-France, Die Masken der Niedertracht. Seelische Gewalt im Alltag und wie man sich dagegen wehren kann, 뮌헨 2004, 네 번째 개정판.

· Höfner, Eleonore, Das wäre doch gelacht. Humor und Provokation in der Therapie, 라인벡 1995.

· Höfner, Eleonore, Die Kunst der Ehezerrüttung, 라인벡 1995.

· Kets de Vries, Manfred F.R., Führer, Narren und Hochstapler. Die Psychologie der Führung, 슈투트가르트 1998.

· Klimmer, Matthias, Unternehmensorganisation. Eine kompakte und praxisnahe Einführung, 라인브라이트바흐 2007.

· Klusmann, Steffen 엮음, Töchter der deutschen Wirtschaft. Weiblicher Familiennachwuchs für die Chefetage, 뮌헨 2008.

· Landau, Terry, Von Angesicht zu Angesicht. Was Gesichter verraten und was sie verbergen, 라인벡 1995.

· Lotter, Wolf, Fehlanzeige. Irrenn ist menschlich. Irrsinn auch, 브란트 아인스 2007년 8월호 44-53쪽.

· Lüffe-Leonhardt, Eva 외, Variationen des Psychodramas. Ein Praxisbuch - nicht nur für Psychodramatiker, 메젠 1993.

· Mahr, Albrecht 엮음, Konfliktfelder-Wissende Felder. Systemaufstellungen in der Friedens- und Versöhnungsarbeit, 하이델베르크 2003.

· Malik, Fredmund, Führen, Leisten, Leben. Wirksames Management für eine neue Zeit, 뮌헨 2001 일곱 번째 개정판.

· Müller-Weith, Doris 외, Theater-Therapie. Ein Handbuch, 파더보른 2002.

· Münk, Katharina, Und morgen bringe ich ihn um. Als Chefsekretärin im Top-Management, 프랑크푸르트암마인 2006.

· Pausch, Randy, Last Lecture. Die Lehren meines Lebens, 뮌헨 2008.

· Pinker, Susan, Das Geschlechter-Paradox. Über begabte Mädchen, schwierige Jungs und den wahren Unterschied zwischen Männern und Frauen, 뮌헨 2008.

· Rosselet, Claude u.a., Management Constellations. Mit Systemaufstellungen Komplexität managen, 슈투트가르트 2007.

· Rubin, Harriet, Macchiavelli für Frauen. Strategie und Taktik im Kampf der Geschlechter, 프랑크푸르트암마인 1998, 네 번째 개정판.

· Simon, Fritz B., Tödliche Konflikte. Zur Selbstorganisation privater und öffentlicher Kriege, 하이델베르크 2004, 두 번째 확대개정판.

· Simon, Fritz B. 엮음, Die Familie des Familienunternehmens. Ein System zwischen Gefühl und Geschäft, 하이델베르크 2002.

· Spitzer, Manfred, Lernen. Gehirnforschung und die Schule des Lebens, 하이델베르크/베를린 2002.

· Tracht, Charlotte, Mut zur Improvisation! Ungewönliche Tools für Beratung

und Coaching, 뮌헨 2006.
- Virilio, Paul, Ästhetik des Verschwindens, 베를린 1986.
- Zegers, Vera, Interview "Mensch, Mädels, traut euch doch was zu", 슈피겔 온라인 2005년 3월 1일자.
- Asserate, Asfa-Wossen, Manieren, 프랑크푸르트암마인 2003.
- Bauer, Joachim, Das Gedächtnis des Körpers. Wie Beziehungen und Lebensstile unsere Gene steuern, 뮌헨/취리히 2007, 여덟 번째 개정판.
- Bauer, Joachim, Lob der Schule. Sieben Perspektiven für Schüler, Lehrer und Eltern, 함부르크 2007.
- Blümmer, Heike/Thomae, Jacqueline, Eine Frau. Ein Buch, 뮌헨 2008, 두 번째 개정판.
- Cross, Melissa, The Zen of Screaming. Vocal instruction for a new breed (DVD 멜리사 크로스 프로덕션).
- Frears, Stephen, The Queen (DVD 콩코드 홈 엔터테인먼트).
- Haarhaus, Dieter, Lexikon der Bearty-Irrtümer, 로볼트 2008.
- Heidemann, Rudolf, Körpersprache im Unterricht. Ein Ratgeber für Lehrende, 2007 여덟 번째 개정판.
- Heller, Eva, Wie Farben wirken. Farbpsychologie, Farbsymbolik, Kreative Farbgestaltung, 라인벡 2005, 두 번째 개정판.
- Hupka, Stefan/Schmider, Franz, Helmut I., Ein Ausnahmekanzler wird 90, 바디셰 차이퉁, 2008년 12월 20일 1면.

- Jakobowsky, Birgit, Dressed for Success. Wie Sie Ihren Typ wirkungsvoll in Szene setzen, 프랑크푸르트 2002.

- Kistler, Petra, Auf eine Zigarette … mit Giovanni di Lorenzo, 바디셰 차이퉁 2008년 12월 20일 2면.

- Nadolny, Sten, Die Entdeckung der Langsamkeit, 뮌헨/취리히 1987.

- Piras, Claudia/Roetzel, Bernhard, Mein wunderbarer Kleiderschrank. Der Styleguide für Frauen, 로볼트 2005.

- Sonnenmoser, Marion, Make-up macht Frauen selbstbewusst, 심리학 오늘 2006년 9월호 17쪽.

- Tarantino, Quentin, Kill Bill (DVD 터치스톤).

- Wenders, Wim, Aufzeichnungen zu Kleidern und Städten (DVD 우파/아틀라스).

- Augustin, Eduard/von Keisenberg, Philipp/Zaschke, Christian, Ein Mann, ein Buch, 뮌헨 2007.

- Mosley, Walter, Socrates in Watts, 베를린 2000.

- Schwanitz, Dietrich, Männer. Eine Species wird besichtigt, 프랑크푸르트암마인 2001.

- Sempe, Jean-Jacques/Goscinny, Rene, Histoires inédites du petit Nicolas, 파리 2004.

- Suter, Martin, Huber spannt aus, 취리히 2005.

오만하게 제압하라

펴낸날 초판 1쇄 펴냄 2020년 6월 1일
　　　　초판 2쇄 펴냄 2022년 7월 1일
지은이 페터 모들러
옮긴이 배명자
펴낸이 김은정
펴낸곳 봄이아트북스

출판등록 제406-251002019000142호
주소 경기도 파주시 재두루미길 70 페레그린빌딩 308호
전화 070-8800-0156
팩스 031-935-0156
ISBN 979-11-90824-15-6 (03320)

· 값은 뒤표지에 있습니다.
· 잘못 만들어진 책은 구입처에서 교환해드립니다.